ENCONTRE SEU CAMINHO

ENCONTRE SEU CAMINHO
...para o que realmente importa

TOMMY TENNEY

Tradução
Caio Nehring

LAROUSSE

Copyright da edição original © 2008 de Hope Direction and Encouragement Ministries, Inc.

Título original em inglês: *Finding your way*

Copyright da edição brasileira © 2008 by Larousse do Brasil.
Todos os direitos reservados.

Edição brasileira

Gerente editorial	*Solange Monaco*
Editor	*Isney Savoy*
Assistente editorial	*Soraya Leme*
Preparação de texto	*Valentina Nunes*
Revisão	*Nilda Nunes e Cláudia Levy*
Capa	*Renné Ramos*
Diagramação	*Luciana Di Iorio*
Produção gráfica	*Marcelo Almeida*

NVI: Nova Versão Internacional, São Paulo: Editora Vida, 2001.
[Todas as citações bíblicas foram extraídas da NVI, salvo indicação em contrário.]

ARA: Almeida Revista e Atualizada, 2ª impressão, Barueri: Sociedade Bíblica do Brasil, 1999.

Corrigida Fiel [Trinitariana], São Paulo: Sociedade Bíblica Trinitariana do Brasil, 1994, 1995.

Dados Internacionais de Catalogação na Publicação (CIP)
(Câmara Brasileira do Livro, SP, Brasil)

Tenney, Tommy

Encontre seu caminho / Tommy Tenney ; tradução Caio Nehring. -- São Paulo : Larousse do Brasil, 2008.

Título original: *Finding your way*
ISBN 978-85-7635-397-3

1. Conduta de vida 2. Vida cristã I. Título.

08-08204   CDD-248.4

Índice para catálogo sistemático:
1. Vida Cristã : Cristianismo 248.4

1ª edição brasileira: 2008
Direitos de edição em língua portuguesa, para o Brasil, adquiridos por
Larousse do Brasil Participações Ltda.

Av. Profa. Ida Kolb, 551 - 3º andar - São Paulo - SP - CEP 02518-000
Tel.: 55 11 3855-2290 / Fax: 55 11 3855-2280
E-mail: info@larousse.com.br
www.larousse.com.br

Na escola da vida, alguns professores você escolhe, outros, são impostos. Mas aprendemos com todos.

Obrigado a E. W. e Johnnie Ruth Caughron, Doyle e Faith Spears, T. W. e Lucille Barnes, Charles e Barbara Green, T. F. e Thetus Tenney e G. E. e Mildred Switzer.

Se os nomes parecem antigos, é porque são. Muitas vezes, você aprende melhor como chegar a algum lugar com alguém que já esteve lá.

SUMÁRIO

Introdução 10

1. Objetivo e destino 11
   GPS versus *"EPS"*

2. Como cheguei até aqui? 13
   Fome da alma

3. Como volto para a estrada? 22
   O fim da "normalidade" para Noemi

4. Perdas passadas intensificam as dores atuais 38
   Vai piorar ainda mais antes de melhorar...

5. Tropeçando pela estrada certa 50
   Sua crise pessoal pode causar epifania em outra pessoa

6. A viagem de volta 62
   Alcançar o objetivo em meio à confusão

7. De volta ao lar, mas em um lugar que você nunca esteve 70
   "Déjà vu pela primeira vez"

8. Encontrar o caminho do que realmente importa 80
   O que realmente tem valor?

9. A família não é um *kit* que se vende pronto 95
   Mas precisa toda uma população?

10. "Eu finalmente encontrei" 105
De quem é esse campo?

11. A estrada para a redenção 113
O que foi que ela viu nele?

12. Às vezes, é preciso esperar para encontrar o caminho 126
Viajar na escuridão

13. Voltar atrás pode ser bom de vez em quando 135
Tenho certeza de que está por aqui em algum lugar...

14. O valor dos valores 147
O mapa da estrada para o que realmente importa

No conto de fadas *João e Maria*, os dois personagens, preocupados em não se perder na floresta, deixam uma trilha de migalhas de pão pelo caminho, para depois conseguirem voltar para casa. Os animais, no entanto, comem as migalhas e eles se perdem, sem encontrar a trilha.

Hoje, João e Maria jamais entrariam assim naquela floresta: iam dirigir um utilitário com sistema de navegação, para não se perderem de jeito nenhum.

Se a vida viesse com um sistema GPS... nunca pegaríamos a estrada errada, nem perderíamos a trilha certa.

O novo livro de Tommy Tenney fornece esse GPS para iluminar a trilha que levará você até as coisas que realmente importam, além de lhe ajudar a descobrir o que fazer quando você se perde no caminho.

Em algum ponto da vida, nós nos perdemos e questionamos nosso lugar no mundo. Tenney nos ajuda a dar um sentido a tudo isso.

Estou certo de que você apreciará *Encontre seu caminho*, que irá se revelar insubstituível ao longo dessa bela jornada que chamamos de vida.

Com certeza, o pão desta vez não vai virar migalhas perdidas pela trilha, mas servirá para deliciosos sanduíches.

Bispo T. D. Jakes, Sênior, pastor
A Casa Potter de Dallas

INTRODUÇÃO

Boa parte dos carros produzidos hoje vem equipada com a tecnologia GPS, a sigla para o Sistema de Posicionamento Global. Talvez você já tenha experimentado digitar seu destino nesse navegador eletrônico e rapidamente encontrado o melhor caminho, evitando até trânsito.

Seria bem interessante se encontrássemos nosso caminho na vida assim tão facilmente. Não seria incrível se pudéssemos apenas informar nosso navegador e seguir a voz saindo de nosso painel interno, com instruções verbais detalhadas e um mapa eletrônico?

Felizmente existe um EPS, o Sistema de Posicionamento Eterno. O EPS está na Bíblia, na palavra de quem viveu nos tempos antigos. A cultura e a geografia podem ter mudado muito. Mas as pessoas sempre tiveram as mesmas necessidades básicas, independentemente de onde e quando vivem ou viveram. Depois que necessidades essenciais como alimento e abrigo são satisfeitas, o que faz a vida valer à pena? O que realmente importa? Estes relatos antigos nos dão as coordenadas exatas se nos dedicarmos a estudá-los e aplicá-los em nosso presente.

Descobri um antigo mapa de estradas, com o qual duas gerações viajaram juntas, para um local que refletia o que realmente importava: um lugar da família, de amigos, um propósito para o trabalho de suas vidas e uma conexão com o eterno.

Os personagens centrais deste relato histórico incluem mãe, Noemi; pai, Elimeleque, e seus dois filhos, Malom e Quiliom; Rute, a moabita, que partiu; sua irmã Orfa, que ficou; Boaz, de Belém; e um personagem anônimo a quem os rabinos judeus sempre chamam de *Ploniy Almoniy,* o Indivíduo Desconhecido.

Talvez você também esteja procurando "encontrar seu caminho" na direção de coisas que realmente importam. Que minhas reflexões modernas a respeito de uma história antiga possam guiá-lo até lá, onde você possa finalmente sentir-se confortável e em segurança.

CAPÍTULO 1

Objetivo e destino
GPS versus *"EPS"*

Cidades e lugares desconhecidos despertam o melhor e o pior de mim. Por viajarmos demais, minha família e eu às vezes passamos por lugares estranhos. Já estive em mais de 100 cidades dos Estados Unidos e em 20 nações diferentes. Eu não poderia conhecer bem cada um desses lugares.

Na verdade, sou agradecido por podermos alugar carros com GPS instalado. O Sistema de Posicionamento Global comporta uma rede de 24 satélites, colocados em órbita pelo Departamento de Defesa norte-americano. Eles dão duas voltas ao redor da Terra por dia, em uma órbita precisa, transmitindo informações para o planeta. O GPS foi inicialmente utilizado para fins militares, mas, nos anos 1980, o governo tornou o sistema disponível para o uso civil. O GPS funciona sob qualquer condição climática e em qualquer lugar, 24 horas por dia, gratuitamente.

O GPS salvou-me em situações que eu já estava com os nervos à flor da pele. Parece que passei metade da vida procurando aeroportos (a outra metade procurando hotéis de estrada). Nunca esquecerei um incidente específico, antes do advento do GPS.

Se os satélites podem ser um ponto fixo do qual podemos identificar posições geográficas e destinos, que bússola nos indicaria a direção certa em uma jornada espiritual? Na Terra, temos o GPS. Em termos celestes, você necessita de um "EPS", o Sistema de Posicionamento Eterno, um ponto fixo por meio do qual você pode direcionar o destino de sua vida.

Crises pessoais à procura de direção muitas vezes criam oportunidades para grandes aventuras. A maioria delas eu não desejava e não me divertia, mas passei por várias. Este livro é sobre isso, sobre como nos movermos na direção do que é valioso e para bem longe do que não é.

A geração de meu pai valorizava a palavra "ética", às vezes às custas da família. Uma nova geração surge, geração que recusa horas extras, simplifica tudo e traz para o primeiro plano a palavra "qualidade de vida". Essa geração dá um sentido diferente daquele que seus pais davam às palavras *trabalhar* e *comprar*. Qualidade de vida não se define necessariamente por uma casa maior, um carro moderno ou roupas de grifes.

Qualidade de vida para eles envolve coisas como licença-maternidade e paterna (olha o papai conseguindo férias!), comunicação virtual, ou trabalhar em casa com o computador conectado ao escritório, além de horários flexíveis de trabalho (para priorizar o tempo com a família).

Sentimos uma necessidade primordial de ordenar o que realmente importa. Retornar ao que é verdadeiro é importante: à família, aos amigos, ao nosso propósito de vida profissional e a uma conexão com o eterno. Para alguns, isso não é um "retorno", mas uma descoberta (ou redescoberta!) do que realmente importa na vida.

Vamos descobrir como suas metas podem influenciar seu destino. Para onde você está indo? Você tem certeza disso? Talvez precise de um mapa confiável.

O livro de Rute, na Bíblia, pode ser o EPS a nos guiar, na medida em que cada um de nós encontra seu caminho para o que realmente importa.

CAPÍTULO 2

Como cheguei até aqui?
Fome da alma

Você já chegou a um lugar e descobriu que não era aonde você queria ir? Talvez porque tenha seguido uma placa errada e se perdido...

Na época dos juízes houve fome na terra.[1]

Talvez você já tenha ouvido falar da história israelita conhecida pelos cristãos como o livro de Rute, mas talvez nunca tenha imaginado quão perdida sentiu-se Noemi, a sogra de Rute, quando ela decidiu-se mudar para um país que não conhecia, para viver entre gente estranha. Tudo isso porque fugia da fome.

Você já se sentiu perdido assim? Já se sentiu *perdido*, em um território estranho, sem saber como chegou até ali?

Pode ser que você não se sinta confortável onde está. A vizinhança e a rua parecem as mesmas, mas na realidade *não são*. Você está na sua casa, mas não se sente em *seu lar*. E se pergunta: *"Mas se é aqui que eu vivo, então por que sinto essa estranha desconexão? Se este é o meu escritório, por que tenho uma vontade louca de ir embora?".* A insatisfação crescente nos leva a uma onda de dúvidas: *"Eu tinha de virar à esquerda ou à direita? Casei-me com a pessoa certa? Como*

---

[1] Rute 1.1

cheguei até aqui? Por que às vezes me sinto tão infeliz — especialmente quando tudo me diz que eu deveria estar feliz...".

Se você sabe em qual cidade você está, onde trabalha e onde é a sua casa, então, por que se sente tão indeciso? Por que sente que esse não é o seu lar?

"Se eu não estou perdido geograficamente falando, talvez esteja perdido emocionalmente. Mas se lar é o lugar onde o coração está, por que meu coração sofre assim?".

O problema é com *o lar* em si ou é um problema com o *coração*? Será que o coração não é uma boa bússola? Eu segui meu coração (ou assim pensei), mas não estou satisfeito.

Eu viajo bastante, e me perder é uma aventura. Encontrar bons locais para comer é um desafio. Acabar em lugares que nunca tive a intenção de estar é apenas uma parte do processo.

Se você não está satisfeito com a vida e o ponto *em que chegou*, talvez você se pergunte: "Como cheguei aqui?". Você tem comida, família e muitos amigos, mas mesmo assim seu coração sofre. Essa é a "fome da alma". Você está cercado pela fartura e mesmo assim sente-se vazio. Você tem família, mas não se sente realmente conectado com ela.

Às vezes, eu me sinto assim. Meus filhos cresceram viajando muito, por causa do meu trabalho. Em nossas viagens, em geral eles iam conosco, mesmo quando eram pequenos. Na verdade, quando minha filha mais nova tinha 4 anos, alguém lhe perguntou onde morava. Ela respondeu: *"Em um moten-tel!"* (uma fórmula infantil para *motel* e *hotel*). O adulto estarrecido então lhe fez outra pergunta, esperando uma pista para traduzir sua resposta. "E o que seu papai faz?". Minha cansada filha e hóspede de 4 anos, disse: "Ele vandaliza!" (dialeto infantil, outra vez, para "evangeliza").

Em algum ponto, todos nós nos sentimos como se estivéssemos onde não *queríamos* estar, ou talvez onde *precisássemos* estar. Você já se sentiu perdido?

Não sei qual a razão para você ter se "perdido pelo caminho", ter saudades de casa. É muito difícil descobrir, principalmente quando sua cabeça diz que você está em casa, enquanto seu coração diz outra coisa. Sabemos que falta algo e não temos a menor idéia do que seja.

Eu tenho consciência das coisas que me fizeram "errar" o caminho. Eu me encontrei em lugares que não queria estar, pensando sobre como chegara lá. Às vezes, pode ter sido por causa de uma *má decisão*, outras por uma *informação incorreta*. Algumas vezes, foi culpa minha, em outras, não tenho certeza. É como se eu gritasse: "Me sinto perdido!".

Mesmo as pessoas boas e positivas podem se perder pelo caminho. Em meio à frenética corrida para vencer, buscando destacar-nos, ou mesmo apenas sobreviver, perdemos muitas coisas que buscávamos por instinto. Mas, de repente, algo "espiritual" eleva-se em nosso coração, como uma urgência de "ir para casa".

Você pode realmente voltar para casa?

Algum tempo atrás, manifestei um desejo urgente, devastador, de retornar ao lar da minha infância. Até insisti que minha família fosse comigo, mas acabou sendo uma visita frustrante (para minha família, mas especialmente para mim).[2] A razão: não parecia ser lá. Era a casa certa, o endereço certo, mas tudo parecia muito menor. E as árvores, muito maiores. Havia toda a atmosfera, que "*não cheirava mais como mamãe*".

Ali havia flores e arbustos dos quais eu me recordava do perfume. Talvez a ausência daquelas plantas, por mais de 40 anos, tenha alterado o local, em termos botânicos. (Até hoje, quando sinto a fragrância de jasmim, momentaneamente "volto para casa"). Sei por conversas que tive com algumas pessoas de que alguma vez elas também sentiram a mesma compulsão. *Sabem* que falta algo; sentem-se frágeis. Muitos sentem que *se apenas puderem ir para casa* e conectarem-se com o que realmente importa na vida, tudo ficará bem.

Você já teve "vontade de mudar de volta para o lar"? Talvez você tenha sentido que, com um novo começo e a "conexão" renovada, de algum modo, isso aliviaria a dor de sentir-se perdido e "desconectado".

Mas eu não falo em mover-se *para trás*. Falo sobre seguir em frente. Você tem medo de dar este passo?

Não estou necessariamente falando de um movimento geográfico, embora as lições, sobre "a volta ao lar" que venho aprendendo e vamos analisar aqui, tenham vindo de uma mulher que fez, sim, uma mudança geográfica ao "voltar para casa". No entanto, por ironia, alguém que não veio de um lar como o dela acompanhou-a. Deixe-me contar sua trajetória, das páginas da história e da Bíblia.

---

[2] Essa história real foi a base, a motivação para meu livro *God's favorite house: if you bulid it, he will come* Shippernsburg, PA: Destiny Image Publishers, 1999. Nesse livro, aprofundo o papel do culto, como um preparo da "casa" ou do lugar que recebe a presença constante de Deus.

A estrada de casa

Rute cresceu em um lar terrível. Era filha de um homem depravado, conhecido por ser o chefe de uma tribo sexualmente decadente no antigo Oriente Médio. Uma tribo com um ritual predileto: sacrificar crianças.

Ela conheceu um homem de uma família de refugiados que veio para a região fugindo da seca e da fome. Rute sentiu-se de alguma forma atraída por esse homem, por razões que não sabia. Sendo uma princesa do Oriente Médio, podia ter o homem que quisesse. Mas ele, naturalmente, fez que ela tivesse a sensação de que pertencia a alguém.

É certo que Rute teve uma vida trágica. Seu pai, o rei obeso de Moabe, Eglom, foi assassinado e logo depois que Rute casou com Malom, ele morreu inesperadamente, deixando-a sozinha e sem filhos. Tudo que restou a Rute foi sua irmã Orfa (casada com Quiliom, irmão de Malom, que morreu tragicamente no mesmo dia e da mesma forma que Malom) e sua sogra estrangeira, Noemi.

Noemi parecia ser a fonte da força e da estabilidade que tanto atraía Rute.

Mesmo após a morte do marido, a força de Noemi em meio à dor da perda encantava Rute. Na tristeza de Noemi, ela via esperança.

Tudo na vida de Rute parecia sem esperança... Exceto que havia algo em Noemi — e a forma como ela vivia a vida — que falava a um local profundo e dolorido de seu coração.

Ela descobriu que amava essa mulher israelita e sua maneira de ser maior do que sua família, seu povo e sua terra. Após a morte dos dois filhos, Noemi manifestou a intenção de voltar para casa. Não voltava para sua terra há mais de uma década: havia saído de Belém para fugir da fome, mas agora era hora de voltar para casa.

Todas as três mulheres, Orfa, Rute e Noemi, viajaram pela longa estrada, até a comunidade rural que Noemi chamava de lar: o pequeno vilarejo agrícola conhecido como Belém.

O futuro de Rute parecia desolador, mas óbvio — esperava-se que as duas irmãs moabitas retornassem a sua família e reconstruíssem suas vidas, como princesas que eram. Enquanto Rute e sua irmã beijavam Noemi na despedida e enxugavam as lágrimas, algo invisível, algo inexplicável e incontrolável despertou em seu coração como um imperativo:"Estou indo com você, Noemi".

Orfa beijou Noemi e abruptamente virou-se para voltar à suas memórias moabitas. Quando foi a vez de Rute, sentiu que não tinha interesse em voltar a

Moabe. Ela ia "voltar" para o lar de Noemi. Estava despreparada e sem bagagem, mas foi assim mesmo, sem saber o que o próximo dia traria.

O que a fez arriscar sua vida desta maneira? Sabia que precisava encontrar um lugar que preenchesse o imenso vazio de seu coração. Um vazio que um novo marido, um novo namorado ou a paisagem familiar de Moabe nunca poderiam preencher! Ela sentiu-se guiada pela decisão de que o "lar" não estava à sua frente, mas atrás dela.

O que nos leva da "fome da terra" para a "fome da alma"?

O que fez que Noemi deixasse um lugar para retornar a ele? Não havia comida! Uma estrada truculenta pode nos levar da "fome de terra" para a "fome da alma".

Perseguir nossas necessidades materiais pode nos levar a lugares que deixam nossa alma faminta. Noemi acordou para o fato de que um estômago cheio não se compara a uma alma repleta.

O que faria alguém cortar as raízes, abandonar tudo o que foi tão valioso e deixar seu lar dessa maneira? Estaria essa pessoa motivada pela desolação da pobreza ou pela procura pela prosperidade? Poderia ser movida pelo estresse da busca por empregos que pagam mais? O custo disso tudo sobre os relacionamentos pode ser inacreditável. Essas buscas podem remover as crenças e as profundas convicções que se enraizaram em nós e que — em alguns pontos — nos tornam decentes, amorosos e conectados.

Lar

Há pelo menos três tipos de lares mencionados na sabedoria da Bíblia. Há o lar literal, no qual você vive com sua família. Há Jerusalém, chamada pela Bíblia de "nossa mãe" (imagem perfeita do "lar" espiritual e religioso).[3]

O rei Salomão descreveu o terceiro lar com a seguinte metáfora: "O homem se vai para o seu lar eterno".[4]

Se há um *lar eterno*, deve haver um lar passageiro. Se a eternidade é seu *lar eterno*, então seu *lar literal* e seu *lar religioso* devem ser *lares passageiros*. A maneira como você se auto-avalia e se conduz em seus dois primeiros lares

---

[3] Ver Gálatas 4.26.
[4] Ver Eclesiastes 12.5b.

pode ajudar a indicar onde seu "lar eterno" está.⁵ A eternidade, o "para todo o sempre", tem apenas dois endereços, o bom e o ruim — céu ou inferno. Sua escolha de valores na Terra determina qual desses endereços você desfrutará ou suportará eternamente. É por isso que você precisa mais de um "EPS" do que de um GPS! Onde um nos leva é temporário, onde o outro nos conduz é eterno. O que é mais importante: uma viagem curta ou uma viagem para um lugar onde você viverá eternamente?

Encontrei pessoas com uma mentalidade "de sarjeta" vivendo em apartamento de cobertura. Você pode saber o preço de tudo e o valor de nada.

Se a vida fosse um jogo do tipo *"qual é o preço"*, essas pessoas ganhariam! Sabem, por exemplo, o custo de cada item de grife dos *designers* mais famosos. Mas não sabem o valor de se tomar um café ou uma xícara de chá com amigos queridos ou com alguém da família.

Você deseja pertencer a algum lugar. Sente que um relógio funciona em algum lugar — o que deixa você *impaciente*. Não basta existir e sentir-se bem por um momento... Algo em você quer gritar bem alto: "Sou importante para alguém, para algo, em algum lugar! *Eu importo!* Se apenas soubesse onde e para quem...". Para a maioria de nós, dar-nos conta dessa sensação tarda muito. Talvez por causa de tantas tentações à mão.

Somos muitas vezes influenciados pelo "fator Colombo", o sentimento incômodo de que o custo de explorar novos mundos pode muito bem ser a ruína do mundo antigo. Mas até Colombo sabia que poderia voltar atrás.

Somos assombrados pelo que perdemos. Está na hora de achar um caminho para quem você realmente é. Para não acreditar mais na mentira de que a felicidade é encontrada quando abandonamos as tradições.

Usar "*A estrada do lar*" como uma expressão coletiva pode não soar interessante se traz lembranças de abuso na infância, de pai ausente ou de locais

---

⁵ Algumas teólogos podem ler isto e gritar: "Blasfêmia! Ninguém pode ser salvo por sua conduta na Terra!". Isto está correto. A Bíblia deixa claro que somos salvos pela fé em Cristo e não por nossas "obras" ou por nossos feitos na Terra (ver Tito 3.5). No entanto, como eu disse no texto, nossos feitos ajudam a indicar ou apontar para o Único em quem sempre acreditamos! Foi Jesus quem disse "... vocês o reconhecerão por seus frutos — as boas coisas que vês em suas vidas" (ver Mateus 7.16a, acréscimo do autor). Foi exatamente isso o que aconteceu na vida de Rute — era a "intrusa elementar" que viu algo na conduta de Noemi que acendeu a fome do sagrado em seu coração. Era Deus falando pela vida e afabilidade de Noemi, puxando a "intrusa" para "dentro" de sua família.

onde conforto e segurança não foram valorizados. "Lar" não é necessariamente uma boa palavra para todos.

Se o lar que você recorda e conhece é um lugar de memórias dolorosas, por que então você iria querer voltar para lá? Que tal se o que você anseia há muito tempo seja, na realidade, algo que você nunca teve?

Você pode ser o produto de um lar destruído, cheio de raiva ou onde as coisas que você necessitava não lhe foram dadas. Se o lar que você um dia conheceu foi marcado por essas memórias difíceis, então "lar" não é um bom termo para você. *Não é* para onde você deseja ir.

Em nossa sociedade ocidental, fizemos um "ótimo" trabalho cultural, desconstruindo a família. É só observar os programas de tevê, para perceber o *estereótipo* dessa mudança cultural. A antiga série *Papai sabe tudo* não passa mais nem mesmo nas sessão da tarde. Em seu lugar, nos anos 1970, havia a *Família Sol-Lá-Si-Dó* (O Bando dos Brady), que, ao menos nos Estados Unidos, tornou-se um ícone cultural, logo dando lugar a uma enxurrada de seriados sobre famílias de pais solteiros, casais estranhos e *Friends*! Depois de demolirmos o lar de ontem, para onde iremos?

Se casamento é uma idéia que saiu de moda há anos, o que entra em seu lugar? Se o compromisso de uma vida toda hoje não tem lugar nas relações humanas, por que é tão difícil conseguir ser feliz só com baladas de uma noite só? Resumindo, com quem você quer envelhecer e dormir abraçado? Alguém que valoriza apenas o mundo externo ou quem valoriza você por quem você é?

Em busca do lugar onde ser valorizado

Talvez você só saiba aonde *não* quer ir. Mas acho que sei aonde você *quer* chegar. Você quer mesmo é achar seu caminho, chegar aonde seja valorizado, amado e apoiado. Podemos agradecer o apoio de psicólogos e psiquiatras, mas será que eles podem realmente repor a intenção real de Deus — um ambiente seguro e confortável para crescer? Todos nós precisamos do apoio de uma família amorosa, seja ela "biológica" ou "escolhida". Um lugar onde possamos ter segurança, onde possamos valorizar a felicidade. *É sobre este lar que estamos falando.*

Não estou falando sobre uma casa de alvenaria, mas um lugar onde coisas como conforto, segurança e destino realizado são valorizadas. *É sobre este lar que estou falando.*

Se seu lar é ruim, se você se sente órfão, se tem problemas de abandono e isolamento, tenho uma promessa para você: a promessa de Alguém que nunca quebrou promessas — a *de que Ele seria o Pai dos Órfãos.* [6]

Em outras palavras, Ele lhe proveria um lar. *É sobre este lar que estou falando agora.*

A busca inconsciente do "lar" que você sonha talvez tenha enviado você a um lugar onde o conforto é completamente falso. Pode ter sido o santuário passageiro oferecido pela caixa de pílulas, pela garrafa de bebida, pela escada do sucesso ou pelos braços de um amante. Em vez de abastecer este lugar com segurança, conforto e valorizar o seu destino, todas essas trilhas sem saída e escolhas erradas só tornaram você mais infeliz e aflito.

Como fui parar tão longe de casa?

Você sabe que é hora de mudar. Só estava imaginando como foi parar tão longe do lugar chamado "lar". Houve um despertar. Algo fez você perceber que prazeres temporários não substituem a alegria de um pacto permanente.

Às vezes, as grandes perdas da vida vêm tão devagar que a *jornada do "ter" ou "não ter" se torna imperceptível no dia-a-dia.*

Durante décadas, algumas pessoas vivem a vida como deveriam, com força e boa saúde. E, então, em um dia comum, uma fraqueza estranha parece vir e se apossar de seus corpos, drenando toda a energia. O diagnóstico — seja câncer, debilitação neurológica, Alzheimer ou o simples, mas inevitável efeito do envelhecimento natural — é chocante.

Ou será que a repentina consciência dos efeitos lentos e corrosivos de várias decisões erradas roubou suas companhias, deixando-lhe só e arruinado, como se não sobrasse ninguém que realmente se importasse com você?

É a *ação não detectada* disso tudo que produz maior choque e surpresa. A fome da alma, em geral, vem de mansinho, enquanto desvia nossa atenção disfarçando-se de algo "comum". Este tipo de fome origina-se na perda do que é valioso. Para poucos, as surpresas desagradáveis podem se resumir a uma única decisão tomada em um certo dia. Para a maioria, no entanto, as perdas — mesmo as tragédias relativamente determináveis — podem envolver uma seqüência completa de escolhas aparentemente triviais.

[6] Ver Salmos 68.5

Como isso acontece? Essa acumulação invasiva de decisões erradas ou tropeços parece fugir da nossa atenção *voando mais baixo do que o radar* da mente consciente. Vêm disfarçadas de algo sem importância, detalhes ocultos entre o que é comum, ordinário e rotineiro.

Pintando a dissolução da vida

Pouquíssimas decisões isoladas, das que tomamos todos os dias, classificar-se-iam como "evidências" de danos. Mas junte uma má decisão a outra, permita que se acumulem e ultrapassem as boas escolhas, e elas pintarão um quadro doloroso. Ou talvez basta a percepção de que se está "indo na direção errada".

Poucos de nós querem investir muito tempo nos "porquês" escondidos nas crises, mas quando a realidade desagradável surge, inevitavelmente ela interrompe nossos sonhos. Este ladrão sagaz que rouba o que é realmente importante e valioso para nossa paz interna se torna mais poderoso para levar de nossa vida tudo aquilo que consideramos "normal". Se não somos cuidadosos, podemos perder nosso sistema de valores pessoais durante o tropeço. A jornada para o "comum", muitas vezes, acaba mal.

Na história que inspirou estas reflexões, duas mulheres de mundos opostos — Noemi, uma mãe israelita, e Rute, uma princesa moabita — encontram-se durante a fuga que Noemi empreende da fome. Isto está cuidadosamente registrado no livro de *Rute*.

Vemos essas mulheres suportarem publicamente o que em geral são mágoas íntimas. E, então, elas compartilham seu triunfo público, tudo isso exposto na narrativa bíblica. Mas tudo começa com Noemi deixando o lar. A vida de Noemi como esposa e mãe israelita comum é interrompida e misturada com as maquinações de algo muito superior a ela. Ela não causou a fome, não era sua culpa. Onde você se encontra agora pode nem ser culpa sua. Você poderia dizer, de forma legítima: "Se eu ao menos soubesse...".

Mas não sabia! E Noemi também não. Essa mulher tomou decisões da mesma maneira que você faz — armada apenas com a mente, o coração, as convicções e sua fé, muitas vezes débil. A vida, da maneira que você conhece, de repente muda. Talvez não tenha sido tão dramático ou drástico, mas alguma vez você sentiu o fim daquilo que você considerava normal?

Capítulo 3

Como volto para a estrada?
O fim da "normalidade" para Noemi

Talvez você se lembre do dia em que a sua vida "normal" teve fim. Você de repente acordou para uma espécie de *Day After* (o Dia Seguinte), em que tudo surgiu totalmente diferente. E então você tomou uma decisão: sairia do emprego, acabaria o casamento ou apenas faria as malas e partiria.

Noemi foi uma mulher que reagiu assim diante da tragédia — nesse caso, era a escassez de alimentos. A história de vida de Noemi é um conto de duas jornadas e dois objetivos. Entre eles existem episódios de sofrimento extremo e de alegria imensurável.

> *Na época dos juízes houve fome na terra. Um homem de Belém de Judá, com a mulher e os dois filhos, foi viver por algum tempo nas terras de Moabe.[1]*

Noemi e seu marido viviam numa Belém pequena, um agrupamento antigo na rude região rural de Judá. Belém ainda não era famosa. Nada a ver com destino turístico, nem com o Natal, nem mesmo com o parto de uma virgem. Era apenas um subúrbio afastado à sombra de uma cidade importante.

---

[1] Rute 1.1, *The Message* [A mensagem, tradução do autor].

Essa família de quatro pessoas vivia a apenas dez quilômetros do local que conhecemos hoje como Jerusalém, talvez a cidade mais importante e polêmica da história.

Sabemos pouco a respeito da vida de Noemi em Belém de Judá *antes* da fome, mas sabemos que algumas coisas jamais mudam na vida humana. Pode ser decepcionante e fácil tomar uma decisão errada, quando no momento em questão pensava-se ser uma decisão de "Deus". Todos nós podemos ser vítimas da "monotonia da vida rotineira", também podemos perder o rumo ao cochilar na direção, justamente quando deveríamos estar atentos à sinalização da estrada. Pode acontecer em qualquer época, cultura ou vida.

Às vezes, a decisão que parece acertada tem uma falha fundamental.

Você não pode ser sempre guiado pelo que parece certo. A natureza traiçoeira de nossas emoções, somada à tendência humana de procurar evitar a dor, pode nos levar a decisões desastrosas. O coração pode nos enganar e, dessa forma, os "sentimentos" acabam por mentir.[2]

É mais fácil seguir em frente do que dar voltas, embora as voltas e os desvios sejam essenciais para nossos objetivos. Mudar nunca é fácil e sempre é preciso mais coragem do que se imaginava. Coragem para manter o curso durante as tentativas de desvio é talvez o tipo mais formidável de coragem a se ter na vida.

Sabemos que a fome levou a mudanças no lar de Elimeleque e Noemi. Todos que viviam na região de Belém enfrentaram a fome e a escassez, mas parece que a maioria escolheu ficar, suportá-la e aguardar que passasse. Mas ao menos uma família decidiu deixar suas diminutas esperanças e sua casa em Belém e procurar um lugar melhor, apesar do risco de perder tudo.

Sua meta era construir uma vida melhor em um lugar que parecia ter mais potencial — mais oportunidades para eles e suas crianças. A meta não era o problema — a falha fatal esteve nas escolhas, que acabaram por levá-los a Moabe.

---

[2] Ver Jeremias 17.9.

> *O homem chamava-se Elimeleque, sua mulher Noemi e seus dois filhos Malom e Quiliom. Eram efrateus de Belém de Judá. Chegaram a Moabe, e lá ficaram.*[3]

No Antigo Testamento, os nomes têm um grande peso, no caso de Elimeleque e sua família o peso de tempos ruins vieram ofuscar o brilho de todos. O nome Elimeleque significa "meu rei é Deus"[4][5] e Noemi, "agradável".[6] Os pais receberam bons nomes, mas os filhos devem ter olhado para o futuro apavorados. Uma fonte traduz seus nomes como "fraco" e "doentio", enquanto outros têm traduções mais apavorantes ainda: "doença" e "destruição".[7]

Malom e Quiliom sempre estiveram unidos e por uma boa razão — seus nomes sempre soaram como se protagonizassem um filme que detalha cada sentença apavorante do Apocalipse.

Acredito que dentro de cada pai exista a esperança de que seus filhos abracem as boas coisas da vida, que tenham um futuro brilhante, caso contrário, haveria mais meninas chamadas Jezabel e mais meninos com o nome de Judas. Talvez a história renomeie esses rapazes depois do fato. Esperemos que sim. (Qual nome a sua história lhe dará?).

Elimeleque era um homem de posses, um rico e respeitado dono de terras, homem de grande estatura e proeminente em sua comunidade. Ninguém pode ter certeza a respeito de seus motivos para abandonar tudo, mas talvez ele temesse que a fome se estendesse a ponto de dilapidar toda a fortuna que acumulara em Belém.

Talvez o medo irritante de Noemi, preocupada com o futuro dos filhos, tenha acionado seu pânico. Decisões tomadas sob o medo, em geral, são desastrosas. Fugir da fome da terra acabou por conduzi-los à fome da alma.

---

[3] Rute 1.2, grifo do autor.

[4] *New exhaustive strong's numbers & concordance with expanded greek-hebrew dictionary.* Copyright © 1994, 2003 Biblesoft, Inc. & International Bible Translators, Inc., Elimelequeh — OT:458' Elimelek (el-ee-meh'-lek);de OT:420 & OT:4428; Deus do (o) rei; Elimeleque, um israelita.

[5] Andre LaCocque, trad. K.C. Hanson, *Ruth: a continental commentary* (Minneapolis, MN: Fortress Press, 2004), p.39.

[6] Strong da Biblesoft, Noemi — OT:5821 No'omyi (no-mee-ee'), de OT:5878; agradável; Noemi, uma israelita.

[7] LaCocque, trad. — *Ruth*: pp.40-41; grifos do autor.

É possível que os midianitas — inimigos antigos e primos distantes dos judeus[8] — tenham comprometido seriamente a produtividade da terra de Judá e da região em volta de Belém, durante sua ocupação militar de sete anos.[9] Todos ficaram então "ocupados" demais lindando com a crise e tomaram decisões apressadas. A crise pode também ter criado uma fome tão devastadora que levou Elimeleque, dono de terras e fazendeiro, a considerar a urgência de imigrar como refugiado para Moabe.[10] Seus amigos provavelmente *não* aprovaram ou apoiaram a fuga dele de sua cidade natal para a terra amaldiçoada dos estrangeiros. Um escritor comenta:

> *Sua deserção para Moabe é chocante por isso; a promessa de seu nome não se cumpriu. A tradição judaica imagina que Elimeleque tenha deixado Belém com bolsa e bagagem para (talvez) evitar a divisão de sua riqueza com a população remanescente e vítima da fome.*[11]

Se essa suspeita da tradição judaica é verdade, então Elimeleque deixou embaraçado o resto de sua família, que permaneceu em Belém. Eles tinham aprendido desde criança a *repartir a comida com quem tem fome* e *hospedar os pobres sem destino*; *vestir uma roupa naquele que encontras* e *jamais tentar se esconder do próximo.*[12]

---

[8] Midiã, cujo nome significa "briga", foi o quarto filho de Abraão, já idoso, com Quetura, com quem casara após a morte de Sara. Assim sendo, Abraão era também pai dos midianites (ver Gênesis 25.2; 1Crônicas 1.32).

[9] C. F. Keil & F. Delitzsch, *Commentary on the Old Testament*, 10 volumes, New Updated Ed. Reimpressão do original: T & T Clark, Edinburgh, 1866-91. Eletronic Database. (Peabody, MA: Hendrickson Publishers, Inc., 1996. All Rights Reserved). Sobre Rute 1.1-5: "Agora os midianitas tiranizavam Israel por sete anos, e suas invasões em geral cuidavam de que todo produto do solo fosse destruído (ver Juízes 6.3,4), o que deve ter causado a fome que se seguiu. Além do mais, eles estenderam sua devastação tão longe quanto Gaza (ver Juízes 6.4)".

[10] Ibidem. "De qualquer modo, disso podemos concluir com certeza que Boaz era contemporâneo de Gideão, e a emigração de Elimeleque para a terra de Moabe pode ter se realizado durante a opressão midianita. 'Residir temporariamente nos campos de Moabe', i.e., viver como uma estranha lá" (grifo meu).

[11] LaCocque – *Ruth*, p. 39.

[12] Ver Isaías 58.7.

Ele não sobreviveu à sua própria decisão

A decisão de Elimeleque de fugir com a família de Belém e mudar-se para Moabe foi uma escolha radical, com graves conseqüências. A crise em que viviam deve tê-los assustado. O que sabemos é que nem ele nem seus filhos sobreviveram.

Apesar de ter um nome influente, ele tomou uma decisão tola que lhe valeu críticas durante séculos. Analisando suas ações hoje, parece que quem ficou em Belém sobreviveu à fome muito bem.

Elimeleque *poderia ter* mantido sua fé. Poderia ter unido forças junto à comunidade e garantido seu lugar no futuro de Israel. Mas ele decidiu juntar suas coisas (sua fortuna, em especial) e cruzar a cerca proibida para onde a grama parecia mais verde. Impossível não pensar em Esaú, o irmão mais novo de Jacó na Bíblia. Esaú era uma espécie de "ressentimento ambulante", alguém que foi bastante tolo em trocar sua herança vitalícia como primogênito de uma antiga família de hebreus por um simples *pão com a sopa de lentilhas*.[13] Parece que temos um caso parecido hoje, uma doença moderna que vive a nos afastar de tudo e todos e que atende pelo nome de "síndrome da gratificação imediata". Quantas escolhas imprudentes e decisões erradas tentamos esconder! Você *ainda* está pagando por um erro cometido dez ou 20 anos atrás?

A busca vazia da chamada "chance de ouro" — a oportunidade de fazer fortuna e sucesso, o prêmio que todos perseguem — pode desconectar você das coisas importantes da vida.

Quando os carrosséis dos parques de diversões foram criados, eles tinham um anel de latão que podiam ser alcançados à medida que o brinquedo girava. O prêmio era um volta de graça, mas foi cancelado quando muitas crianças começaram a cair do cavalinho tentando alcançá-lo.

"Alcançar a chance de ouro" (o anel de latão) tornou-se um clichê, símbolo do ato de ser premiado e de se passar a viver a vida plenamente, mas contendo aí também o risco de cair.[14] Às vezes, a falência de valores nos engana, fazendo que nos inclinemos para além do que diz a sabedoria, levando-nos bem longe

---

[13] Ver Gênesis 25.29-34.

[14] Anel de Latão: Wikipédia, a Enciclopédia Livre. Acessada 1/3/2007 em http://en.wikipedia.org/wiki/Brass_ring. O artigo de duas páginas exibe uma foto dos anéis de latão dos carrosséis.

só para "pegar o anel". Então, de repente, perdemos o equilíbrio... E caímos enquanto tentávamos "alcançar a chance de ouro".

O mundo pode até aplaudir esse impulso agressivo — afinal, o ímpeto materialista da sociedade contemporânea nos diz que "a fortuna sorri apenas uma vez"! A busca cega pelo poder e pela satisfação de desejos é apresentada como a chave da felicidade! E ela está ali no anel de latão! Mas observe que o anel é de *latão* e não de *ouro*. Brilha como ouro, mas mancha quando alguém toca nele. Infelizmente, muitas vezes não vemos os braços estendidos e os olhos esperançosos de nossa esposa. *Não estamos* disponíveis para o anel, mas para nós mesmos. Desejamos nossa atenção, nosso amor e companhia! Ao mesmo tempo em que nos lançamos a uma busca cega. De repente estamos pisando ou nos afastando das pessoas que mais amamos. Justificamos os métodos pouco sensíveis e as táticas brutais que adotamos dizendo: "Eles bloquearam minha visão. Atravessaram meu caminho. Estou determinado. Já me decidi. Vou agarrar aquele 'anel de latão', *aquilo* é o meu prêmio! Preciso tê-lo a *qualquer custo*". Justificamos essa intensidade dizendo: "Esse esforço vai tornar as coisas melhores para todos nós".

Gostamos de pensar que "todo mundo merece ser feliz". Isso pode ser verdade, mas também pode ser o passo inicial para um encadeamento de pensamentos enganosos. Precisamos tirar nossos olhos turvos do anel de latão manchado e usar nossa visão periférica para enxergar a verdade.

A ânsia de desaparecer diante de uma crise é natural. A decisão de ficar, suportar e possivelmente oferecer ajuda é heróica. Você já notou alguma vez que as pessoas verdadeiramente felizes levam vidas "desprovidas" de luxos e dos tantos entretenimentos, oportunidades e buscas típicas da vida moderna? Sejam os *amish* em Ephrata, na Pensilvânia, sejam os haitianos de uma pobre aldeia do Caribe, *a interdependência entre eles seria o fator responsável pela qualidade de sua felicidade?*

Em certas regiões bastante prósperas dos Estados Unidos, há um grupo de pessoas que vive uma vida intencionalmente "desprovida" de bens de consumo e de seus respectivos valores. São os *amish*, uma ordem religiosa legalista que evita todas as conveniências contemporâneas, incluindo eletricidade e automóveis modernos, vivendo como se estivessem no século 18. É por isso que se tornaram uma atração turística.

Os *amish* são então uma atração turística? Sim, porque todo mundo aprecia ou gosta de observar o que eles valorizam e a maneira como vivem esses valores.

Você pode não querer se sujeitar a andar a cavalo ou de charrete em vez de usar um carro. Por outro lado, acho que você iria gostar do companheirismo e do apoio que eles desfrutam entre si, além de ter a sabedoria de focar o que realmente importa e não o que causa *exaltação*.

Quando a confusão pega carona

Muitos pais levam seus filhos para desfrutar das férias em família. Imagine uma família atravessando a nação *amish* da Pensilvânia, enquanto a mãe diz: "Ei, rapazes, quero que vocês vejam algo". A família então estaciona sua caminhonete *high-tech* e as crianças tiram seus fones de ouvido, desligam o *gameboy* e entram no museu *amish*. E se sentam para uma refeição caseira familiar. A mãe aprecia a conversa, mas as crianças olham para a exposição e para os tradicionais *souvenirs*, dizendo: "Eu não acredito que as pessoas vivam assim. Não têm eletricidade nem carros...!".

O foco delas está em coisas feitas de aço, plástico, resina e vidro (o que inclui a supercaminhonete da família, um item que com certeza vai virar sucata antes de elas concluírem o segundo grau, assim como os *gameboys* serão substituídos por modelos mais sofisticados, antes mesmo que terminem a faculdade — ou quem sabe, antes mesmo de voltarem das férias).

A razão pela qual os *amish* evitam eletricidade e vivem uma vida simples e diferente é sua vontade sincera de permanecerem imaculados e intocados pelas distrações do mundo. Eles não odeiam gente de fora; eles só querem honrar o seu Deus, as tradições e levar a vida focados em valores mais importantes.

Em outras palavras, eles valorizam coisas intangíveis mais do que modernidades em geral. Não chego a ser um entusiasta em relação ao estilo de vida dos *amish*, mas sou um defensor dos bons valores. Uma coisa é ser pobre e viver uma vida simples, diferenciada. Outra coisa é ser infeliz. Aprendi grandes lições com meus avós e suas experiências na época da Grande Depressão. Os relatos de pobreza eram muitos, mas os de felicidade durante a depressão sempre excediam em número a pobreza em si.

Sim, lembro-me deles me contando sobre o que *tinham* de fazer para sobreviver. Mais que isso, lembro-me deles contando-me o que *fizeram* para sobreviver e como fizeram tudo *juntos*. De como a família e os amigos mantiveram-se unidos e de como os relacionamentos brotaram, fortaleceram-se e duraram toda a vida.

Às vezes me pergunto se nosso grande erro foi não termos tido tanto medo da "fome da terra", a ponto de, sem que soubéssemos, acabar nos isolando na síndrome da "fome da alma". Talvez seja porque quando tudo nos é retirado, não resta algo de valor a não ser o que é verdadeiramente valioso. Muitas vezes isso é *mútuo*. Às vezes, na urgência de fugir da pobreza, deixamos para trás o que deveríamos levar conosco — nossos valores e prioridades.

Isso pode acontecer na nossa casa! Pense no executivo *workaholic* que trabalha contra o relógio, totalmente afastado de sua família — em sua mente ele está fugindo da fome, mas na realidade ele é uma vítima da fome da alma.

Talvez se Elimeleque e Noemi soubessem da dor que Moabe representaria para eles no futuro, ou se soubessem da bênção futura que viria de Belém, eles teriam tomado outra decisão.

Não consigo deixar de pensar em Elimeleque, um homem que arrancou as raízes de sua família e rumou para as altas planícies de Moabe, pensando que lá a vida seria melhor. Provavelmente pareceu mais fácil do que vencer a fome. O problema é que Moabe não era uma cidade entre as dez melhores para se viver. Especialmente para as crianças. As pessoas de Moabe (e seus primos, os amanitas) eram parentes antigos dos judeus, descendentes das duas filhas de Ló, que por sua vez era sobrinho de Abraão, o único sobrevivente da catástrofe de Sodoma e Gomorra, onde o fogo e o enxofre dos céus destruíram as cidades gêmeas por causa de sua depravação sexual.

Ló teve dois filhos, Moabe e Ben-Ami (mais conhecido como Amom), nascidos de uma relação incestuosa[15] *com suas filhas*. As nações que surgiram por meio dos dois filhos eram tão hostis, completamente voltadas contra seus "primos" (as crianças de Israel), que, quando Moisés os trouxe do Egito, Deus em pessoa os amaldiçoou.

> *O amonita e o moabita não serão admitidos na assembléia do Senhor, mesmo até a décima geração, nem nunca jamais, porque não quiseram sair ao vosso encontro no caminho com pão e água, quando*

---

[15] Gênesis 19.36 resume a origem de Moabe e de seu irmão Ben-Ami (Ammon: inglês): "*Assim as duas filhas de Ló ficaram grávidas do próprio pai. A mais velha deu à luz um filho, a quem chamou Moabe,* que é o antepassado dos atuais moabitas. Também a mais nova deu à luz um filho, a quem chamou Ben-Ami, que é o antepassado dos atuais amanitas" (grifo do autor).

saístes do Egito, e também porque assalariaram contra ti Balaão, filho de Beor, de Petor, na Mesopotâmia, para que te amaldiçoasses.[16]

Parece que o rei de Moabe estava com medo dos muitos israelitas que seguiram Moisés no Egito. É por isso que ele contratou um "pistoleiro" religioso chamado Balaão, para amaldiçoar Moisés e os israelitas.

Mais tarde, outro rei moabita, Eglom, oprimiu os israelitas por 18 anos em uma fortaleza capturada em Jericó, durante o tempo de Elimeleque. Isso também não valeu pontos para Moabe na cidade natal de Noemi.[17] Mal sabia Noemi que sua vida se misturaria com a de Eglom.

Um dos poucos pontos positivos da decisão de Elimeleque foi o fato de Moabe ser a "metade mais civilizada" dos descendentes de Ló, conhecida por seus "campos férteis, feno, frutas de verão, vinhedos, prensas [e] canções dos negociantes de uva".[18] Nas palavras de hoje, seria o mesmo que dizer que a economia era boa e havia oferta de empregos.

É a mistura que nos pega

Moabe estava também bem posicionada em relação à segurança e defesa contra agressores externos (algo em que Elimeleque, como homem de bens, deveria pensar).[19] Gostaríamos de rotular Moabe como terra do mal absoluto, mas como tudo na vida, era tanto um lugar de *bênçãos* quanto de maldições. Isso cria um ambiente perigoso para nutrir valores profundos. É fácil dispensar

---

[16] Deuteronômio 23.3,4 *A mensagem*.

[17] Ver Juízes 3.12-14.

[18] *Dicionário bíblico Fausset*, Electronic Database Copyright © 2000, 2003 pela Biblesoft, Inc. As Escrituras que citam os recursos de Moabe são Isaías 15;16 e Jeremias 48.1.

[19] *McClintock & Strong encyclopedia*, Electronic Database (Copyright © 1998, 2003 Biblesoft, Inc. All rights reserved). Sobre Moabe: "Ocupava a parte sul dos altos chapadões que se elevam acima do lado oriental do mar Morto. É fortificada pela natureza por todos os lados. Na parte norte, havia o abismo de Arnom. A oeste era limitado por precipícios, ou melhor, por penhascos que desciam quase perpendicularmente à praia do lago, cruzados unicamente por duas passagens estreitas e escarpadas. Por último, no sul e a leste estava protegida por um semicírculo de montes que só abriam caminho para permitir a passagem de um braço do rio Arnom e outras torrentes que desaguavam no mar Morto".

coisas que são nitidamente más ou perigosas. É a mistura do bem com o mal que muitas vezes nos confunde.

Foi nas planícies de Moabe que as crianças de Israel fizeram seu último acampamento antes de entrarem em Canaã, e foi lá que Moisés subiu ao alto do monte Nebo e morreu depois de contemplar a terra prometida através do vale.[20] Por essas razões, Moabe guardava algumas boas lembranças. Ainda assim, os desvios sexuais só pioraram após o chocante início de Ló e suas filhas. Os moabitas idolatravam deuses demoníacos sedentos de sangue, como Moloque, que exigia sacrifícios de crianças. Que mistura! A bênção da fartura mesclada como a maldição das famílias.

Tudo estava à beira da confusão para Noemi. Ela deixara tudo para trás para seguir seu marido com as duas crianças para Moabe. Não fazia idéia de que uma parte da cidade iria viver em sua casa e dividir seu futuro com *aflições* e *tristezas*.

> *E morreu Elimeleque, marido de Noemi; e ficou ela com os seus dois filhos, os quais se casaram com mulheres moabitas; uma delas se chamava Orfa, e a outra Rute; e moraram ali por quase dez anos.*[21]

Ninguém sabe quanto tempo Elimeleque viveu depois que se mudou para Moabe com a família, mas sua condição de residente deve ter sido passageira. Evidência circunstancial faz deduzir que foi recebido com honras na chegada. Não sabemos se devido à sua aparente riqueza ou por causa de seu jeito de se apresentar aos líderes.

Você quer casar com quem?

Uma razão para a família ser recebida com honras estava no fato de os filhos de Noemi terem se casado com as irmãs que eram *princesas moabitas*.

De acordo com a tradição rabínica judaica, Rute e Orfa eram filhas do rei Eglom, de Moabe — o rei que oprimiu os israelitas por 18 anos até seu assassinato, por Eúde, líder israelita.[22] O Talmude judeu ensina que Eglom deu sua filha em

---

[20] Ver Deuteronômio 32.48-52; 34.1-9.
[21] Ver Rute 1.4, *A mensagem*.
[22] Ver Juízes 3.12-31.

casamento para Malom.[23] Não sabemos o que Noemi no começo sentia por suas noras, mas deve ter sido um choque. Nas palavras de um escritor:

> *Ela é uma moabita. Pertence ao povo inimigo, duros, cruéis, um povo que lida com maldições letais...*
> *É difícil... Engolir uma noiva moabita.*[24]

Era *pior* do que isso, na verdade. Qualquer mãe de valor se preocupa com a vida familiar e a história da futura nora. É difícil pensar em um cenário pior para Noemi do que a linhagem de Rute e Orfa. O pai delas fora assassinado (ou seria) por um agente israelita, por oprimir seu povo. E Eglom era tão obeso que quando o agente canhoto Eúde enfiou-lhe a faca — que media mais de meio metro — no estômago, ela literalmente afundou na gordura do rei de tal maneira que o cabo desapareceu e a faca não pôde ser retirada![25]

Vindos da fome para um local de fartura, Noemi e Elimeleque devem ter se chocado ao saber que a nação moabita era governada por alguém tão obeso. (Eglom parece ser a pessoa mais obesa citada na Bíblia).

Enquanto Belém não tinha *nada*, Moabe tinha *de sobra*; e seu líder aparentemente a exibia em sua "obesidade". Talvez Elimeleque e os filhos de Noemi estivessem impressionados pela opulência e a abundância extravagante da casa de Rute e Orfa.

Como pais, Elimeleque e Noemi não estavam mais lutando para manter os filhos vivos fisicamente, como em Belém: agora lutavam para manter seus valores vivos em Moabe. Você já notou que uma simples mudança não acaba com a luta? Apenas muda o campo de batalha!

Na moderna sociedade de "obesa opulência", nossos filhos estão em risco — não de sofrer fome física, mas a fome da alma. Pode haver menos perigos "externos" rondando, mas o que estiver *faltando* por dentro continuará a afetar o dia-a-dia, até que a brecha seja preenchida por algo de valor.

---

[23] Leonard S. Kravits & Kerry M. Olitzky, *Ruth: a modern commentary* (Tel Avivi, Israel: URJ Press, 2005), p. 3, "Rashi encontra provas no Talmude de que os homens de Efrata, agora estabelecidos em Moabe, eram pessoas importantes. Ele cita Nazir 23b, quem coloca que Eglom, rei de Moabe, entregou sua filha em casamento para Malom".

[24] Cynthia Ozick, "Ruth", um capítulo extraído de *Reading Ruth: contemporary women reclaim a sacred story* (New York: Ballantine Books, 1994) de Judith A. Kates & Gail Twersky Reimer, ed., pp. 215-16.

[25] Ver Juízes 3.22.

Você pode escolher os amigos, mas não os parentes

É bem provável que o obeso rei Eglom, pai de Rute e Orfa, fosse imundo de todas as maneiras. Seu problema não era só de peso ou metabolismo — sua herança espiritual como líder moabita era um rio contaminado. Lembre-se de que a nação de Moab fora concebida no incesto, mas cada geração adicionou suas próprias doses de perversão sexual e idolatria demoníaca, através do sacrifício de crianças! Embalavam os bebês, jogando-os goela abaixo do ídolo chamado Moloque, onde ardia um fogo que os consumia. Essa história sórdida forçou Noemi a querer combater o estereótipo perpetuado pelos moabitas de que mulheres não eram "melhores do que prostitutas".[26]

Imagine então uma delas inserida em sua família! Agora imagine duas noras do mesmo lar de Eglom. O próprio Deus amaldiçoou o clã depravado, maldição essa que está no topo da lista das mais fortes pragas já rogadas contra inimigos do povo judeu! *Ambos* os filhos de Noemi casaram-se com filhas do clã contaminado (e ambos morreram prematuramente)! Na vida você pode escolher seus amigos, sua esposa, mas não seus parentes.

Parece que as duas novas "adições" ao núcleo familiar de Noemi chegaram após a morte repentina de Elimeleque, seu marido, único provedor e seu principal protetor em terra estrangeira. O conforto e a segurança da casa e da família devem de repente ter ficado distantes demais durante sua dolorosa fase como mãe solteira batalhadora.

A crise de Noemi revela *baixa prioridade de valores* em suas escolhas. Foram escolhas dolorosas com conseqüências debilitantes, as quais levaram-na à beira da falência física e espiritual. A maioria das escolhas nem era *dela* e mesmo assim Noemi foi reduzida a três rápidas sentenças no livro de Rute, de um lugar honrado e pleno (o lar em Belém) à precária posição de uma viúva desesperada em terra estranha. E ainda esperavam que ela protegesse os dois filhos doentes e as duas noras estrangeiras de um povo amaldiçoado.

Importante *versus* urgente

Perdas iniciam-se em geral quando *coisas urgentes* sufocam *coisas importantes*. Você já se viu tão ocupado a ponto de priorizar problemas urgentes em vez de problemas importantes?

---

[26] LaCocque, *Ruth*, p. 42, citando Números 25.

Só preciso ser lembrado pela frase "papai, você prometeu", para lembrar-me das vezes em que deixei a crise de lado, para tomar conta do que realmente importava — minhas filhas.

Lembro-me de um dia em que estava com minha filha menor na piscina, quando nossa governanta anunciou o nome de um pastor muito conhecido. "Tommy, ele quer falar com você". Somos amigos, mas é incomum ele me ligar. E mais incomum ainda ligar-me em casa. A governanta achou que eu sairia voando da piscina, mas quando olhei o rosto da minha menina, então com 11 anos, eu disse: "Diga a ele que retorno a ligação. Estou numa reunião". O olhar pasmo que a governanta me lançou entregou-a. Mas ela virou-se e entrou para fazer o que solicitei. Minha filha também virou-se para mim e disse: "Paizinho, você não está em uma reunião. Você só está brincando comigo na piscina". "Não", respondi, "Eu *estou* em uma reunião — *com você*. E isso é mais importante do que atender à chamada. Posso falar com ele a qualquer momento. Mas você só vai ter 11 anos uma vez".

Em geral, tomo decisões erradas, mas naquele dia, não. Não deixei que um telefonema urgente tivesse prioridade sobre um momento importante com minha filha. Mais tarde descobri o quanto minha decisão afetou-a. Dias depois, passei pela porta do quarto dela e entreouvi que se gabava com seus amigos, citando o nome do famoso pastor. "Meu pai não falou com ele porque 'tava na piscina brincando comigo'". Sim, escutei as palavras de sua boca, mas também senti a marca em seu coração e sabia que causara uma indelével impressão sobre o que realmente importava.

Nunca deixe coisas urgentes ter prioridade sobre coisas importantes!

Você pode perder o que quer manter se define mal suas prioridades. Defina suas metas e agarre-se a elas (é mais fácil falar do que fazer).

Noemi *sabia* que seus filhos não eram perfeitos, mas nunca deixou de amá-los nem a suas esposas, mesmo elas sendo moabitas. Seu amor incondicional deve ter sido o fator de ternura, o "Deus transparente" que capturou o coração de Rute, a moabita.

Havia algo especial em Noemi, talvez uma habilidade interna ou virtude que criava uma lealdade extrema. A semente está dentro da fruta. De algum jeito, Rute viu algo em Noemi que lhe assegurava também existir algo de especial dentro dela, algo que *ela* mesma desejava. Rute, que nunca sentira falta de nada como princesa da fartura, sentiu uma fome repentina por algo que não sabia existir. E no decorrer dos acontecimentos, parece que Noemi se tornaria a improvável evangelizadora da princesa pagã Rute, a não-judia[27] "excomungada". Ela não o fez pela pregação ou perfeição, nem por nenhuma aptidão especial de sempre fazer escolhas corretas. Ela o fez por amor, aceitação e uma grande dose de honestidade.

Seu eventual retorno à Belém e a conversão de Rute é um exemplo de como é possível manter a paixão viva em meio à dor. No auge da crise, Noemi lembrou-se do que era mais importante — ela manteve viva sua trêmula paixão por Belém e seu significado. Não deixe que a dor mate a paixão daquilo que é realmente valioso para você.

Ela sai de seu esconderijo e deixa Moabe, um povo idólatra libertino, ela que era tão doce e pura... O credo de Rute a Deus e a Seu povo nasceu no lar da vida de casada. Brotou do amor com o qual lhe permitiam abraçar israelitas... *[através] da conduta de uma israelita [Noemi] numa terra estrangeira.*[28]

O amor de Noemi por Deus e pelas pessoas teve um impressionante efeito sobre suas noras, embora ela atravessasse as mais dolorosas condições de vida. Noemi foi desconectada à força de seu marido pela morte. E a distância a desligara de sua família. Mesmo assim, Noemi forjou novas conexões com sua pequena família em Moabe, formando o núcleo de uma nova aliança comunitária com seus filhos e noras, à sombra da terra amaldiçoada.

Desejamos nos sentir conectados

Sua jornada para além dos valores pode não ter sido intencional, mas você começou a sentir gradualmente os efeitos da perda de *"conectividade"*. É a reclamação mais comum sobre a *"excitante vida urbana"* — mesmos nas maiores cidades do mundo. *Desejamos nos sentir conectados*. Temos celulares, *MSN, e-mail* e videofones que funcionam por satélite. Mas ainda assim *nos*

[27] Ibidem.
[28] J. P. Lange, *A commentary*, citada numa nota de rodapé sobre Rute 1.16b (The Amplified Bible, p. 316, tradução livre).

sentimos desconectados. As pessoas podem estar a nossa volta na igreja, no supermercado ou quando vamos à escola. Mas de alguma forma não nos sentimos ligados a elas. Já foi dito que "o típico *indivíduo moderno* não possui história, apenas episódios, igual às telenovelas".[29]

Uma coisa é perder uma caneta barata e descartável. Você apenas dá de ombros e procura outra na gaveta. Mas se a caneta era um presente especial de alguém muito querido, a procura de repente se torna frenética. Por que, se ela pode ser substituída? A caneta, sim, mas não a lembrança e a relação que a torna "valiosa"!

Quando eu era menino, meu avô me ensinou uma lição sobre o fato de perder coisas. Eu não conseguia achar minha escova! Ele abriu uma gaveta e tirou uma antiga escova colorida. Segurando-a em suas mãos, ele disse: "O jeito que você cuida das pequenas coisas define o padrão como você cuidará das grandes coisas". E então me contou que comprara a escova quando foi ser missionário no Alasca, na época em que meus pais se casaram. Isso acontecera 15 anos antes daquele momento. Ele então me deu a escova e disse: "Não a perca!". Para mim, a lição era: "Essa escova esteve no Alasca e voltou para Louisiana comigo e não a perdi. Não quero que você a perca, nunca. Um dia desses posso perguntar onde ela está".

Já faz tempo que meu avô se foi, mas ainda tenho a escova. Sei exatamente onde. Cinqüenta e cinco anos, dois donos e três gerações de lembranças depois, ainda a tenho. Hoje está guardada. Não é o valor da escova: é o que representa. Nós freqüentemente perdemos as coisas que não damos valor.

É tempo de re-valorizar a verdadeira "conectividade", estabelecer e nutrir relações de aliança em vez de encontros passageiros e conexões simultâneas de benefício mútuo. Noemi estava de luto com sua trágica perda, a perda de pessoas que ela valorizava, além da separação de tudo que para ela tinha valor. E mesmo assim ela conseguiu introduzir suas noras em uma relação de qualidade, em uma "vida de propósitos" que elas nunca haviam experimentado.

Noemi pode até ter se questionado do porquê da morte súbita de seu marido e por que estava tão longe de casa. "Como cheguei até aqui?". Ainda assim tinha um grande senso de paixão e propósito em sua vida. Ainda tinha seus filhos e suas noras e sabia que, às vezes, Deus faz ou permite coisas — em geral as coisas mais importantes — *de* propósito, *com* um propósito.

---

[29] LaCocque, *Ruth*, p. 122, grifo do autor.

O fruto de decisões "mais boas do que ruins"

Se Noemi sentiu-se pega por uma armadilha de acontecimentos, ela ainda assim sabia que não existe incidente quando o assunto é Deus. Alguns chamam isso de "boa sorte", mas talvez seja só o resultado do fruto acumulado de "mais decisões boas do que ruins". Em qualquer caso, nunca pode ser chamado de "loteria de Deus". "O SENHOR firma os passos de um homem."[30] A Bíblia diz que os passos — e eu incluiria aí também *as paradas* — de um bom homem são guiados pelo SENHOR. Em outras palavras, *você não é uma relação passageira para Ele*. A mão que lhe segura às vezes lhe eleva, às vezes lhe atrasa e faz você parar. Deus pode "pisar em você" e "parar você", mas "*Ele nunca lhe abandonará*".

Noemi estava à beira de experimentar outra queda, mas mesmo assim, em sua luta trôpega ao lado de uma jovem estrangeira, ela descobriu que *dificuldades compartilhadas fazem nascer amizades sinceras*, e que *nossa força muitas vezes surge na maneira como lidamos com as fraquezas dos outros*.

Em geral, dificuldades compartilhadas fazem nascer amizades sinceras.

---

[30] Salmos 37.23a.

Capítulo 4

Perdas passadas intensificam as dores atuais
Vai piorar ainda mais antes de melhorar...

Lembro-me de quando escutei a frase "vai piorar ainda mais antes de melhorar": foi na pré-escola, quando minha mãe me levou ao dentista pela primeira vez.

Isso acontece porque *dores passadas podem piorar as condições atuais*. Para quem está atravessando uma perda como a de Noemi, um dia no dentista pode parecer algo trivial (embora não fosse para mim na época). A dor de Noemi era a *dor da perda*. Não a perda de um dente ou do emprego, mas a perda *real*. Ela sofreu a perda do marido e dos dois filhos.

Morreu Elimeleque, marido de Noemi e ela sozinha... morreram também Malom e Quiliom, e Noemi ficou sozinha.[1]

Uma coisa é *perder-se*, e outra bem diferente é ser *deixado*. As memórias e as emoções a elas ligadas persistem por décadas.

Noemi conhecia a morte. Ela ainda sentia as dolorosas pontadas da perda de Elimeleque para a morte repentina. E ainda tinha as memórias recentes de sua luta para criar dois filhos, sozinha em um lugar onde no fundo ainda eram vistos como estrangeiros. E a morte bateu a sua porta novamente; dessa vez, com dupla vingança.

---

[1] Rute 1.3,5.

As coisas pareciam caminhar bem depois que seus filhos cresceram e revelaram o mesmo talento do pai para liderar e conduzir negócios. Os filhos de Noemi subiram e alcançaram posições de autoridade na região, suprindo todas as suas necessidades. A família demonstrou dons e habilidades que devem ter chamado a atenção do rei de Moabe, por isso ele logo os colocou para trabalhar, dando-lhes em troca posições muito influentes.[2][3][4]

Ele até daria suas filhas em casamento aos dois, muito embora o pais deles, Elimeleque, já tivesse falecido.

Durante séculos, acadêmicos estudiosos da Torá e da Bíblia comparavam Noemi a Jó, o ser humano "número 1" em sofrimento da história. Também é comparada a outro concorrente, Abraão, que deixou sua casa, família e terras tribais para a terra prometida que jamais viu. Porém, Noemi tinha menos do que esses dois líderes da Bíblia, e menos ainda para esperar do futuro (ou assim parecia).

---

[2] Comentário de Adam Clarke, Electronic Database (Copyright © 1996, 2003 Biblesoft, Inc. All rights reserved), nota que: "Imagina-se, não sem probabilidades, que *Malom e Quilion são os mesmos Joás e Sarafe (...que foram proprietários em Moabe e voltaram à Belém...), mencionados em 1Crônicas 4.22*, onde o hebreu deveria ser traduzido dessa forma, e Joás e Sarafe, *que se casaram em Moabe*, viviam em Belém. Veja o livro aos Hebreus". (grifo do autor).

[3] Adam Clarke cita essa transcrição direta do *Targum* (Versão caldéia ou, parafraseando o Antigo Testamento, datando da época de Esdras, o Escriba durante o cativeiro) na frase, "E Nearias, e Safate" como aparece em 1Crônicas 4.22: "E os profetas e escribas que nasceram da semente de Josué, e os gibeonitas, cujo escritório servia de santuário na casa, pois haviam mentido para a princesa de Israel; também *Joás, que é o mesmo que Malom; e Sarafe, que é o mesmo Quilion, que fizeram de esposas as filhas de Moabe, e Boaz, o chefe dos sábios homens do colégio de Beth-lehem* — Belém — e daqueles que existiram nos primeiros dias". (grifo do autor).

[4] *Comentário de Keil & Delitzsch sobre o Velho Testamento*. (New updated version, Electronic Database, Copyright © 1996 by Hendrickson Publishers, Inc. 2003 Biblesoft, Inc. All rights reserved). Os autores do comentário apontam que Jerônimo, o padre dos primórdios da igreja, concordava que essa passagem — 1Crônicas 4 — realmente se referia aos filhos de Elimeleque em Moabe, dando-nos essa citação: "Nota - Jerônimo nos fornece uma curiosa tradução, no versículo 22: 'et qui stare fecit solem, virique mendacii et securus er incendens, qui principes fuerunt in Moabe et qui reversi sunt in Lahem: haec autem verba veteran', - de acordo com Midrash Judaico, na qual 1ªmow'aab baa 'aluv 'asher estava conectada com a narrativa no livro de Rute. Para o yowqiym, qui stare fecit solem, é supostamente Elimeleque, e virique mendacii Malom e Quilion, tão bem-conhecidos do livro de Rute, que foram com o pai para Moabe e casaram-se com moabitas".

Ao contrário de Abraão, Noemi não tinha uma promessa divina de conduzi-la em sua tormenta. E, ao contrário de Jó, essa esposa, mãe do lar, não era dona de seu destino — ela seguia o marido aonde quer que ele fosse e permaneceu com os filhos que preferiram casar e estabelecerem-se na Moabe estrangeira, em vez de voltar para seu lar ancestral em Belém.[5]

Noemi experimentou o "roubo de identidade"

As perdas passadas aumentam a dor atual. Primeiro, essa mãe e esposa perdeu a segurança financeira que desfrutava em Belém. Financeiramente, a fome não os arruinou, mas reduziu muito ou prejudicou sua habilidade de somar ou manter o que tinham, forçando Elimeleque a acionar o seu "botão de emergência". Noemi vivenciou o "roubo de sua identidade" pelas mãos da seca e do desastre natural combinado a decisões humanas. Não era mais uma mulher de prestígio ou uma mulher proeminente, conhecida por todos. Agora ela era uma ninguém, com aproximadamente nada, indo para lugar nenhum. Muito maior e mais dolorosa do que a perda de dinheiro foi a perda de amigos e familiares. Noemi era produto de uma sociedade aliada e antiga de judeus, de uma área específica de Belém. Era comum para muitas gerações de uma mesma família viver, trabalhar e comer juntos, do nascimento à morte. Assim, cada acontecimento pessoal significativo tornava-se um acontecimento de toda a comunidade e vive-versa.

Com uma simples decisão, Elimeleque cortara todos os acessos a suas raízes familiares (junto com sua obrigação pessoal de ajudar sua comunidade a sobreviver aos desafios da seca) e partira para terras proibidas.

Noemi não saudaria mais o sol da manhã com afeto nem a suas irmãs, irmãos, tias e tios e amigos de longa data. Ela se perguntava se veria de novo as grandes festas e outras incontáveis desculpas para festejar e celebrar.

---

[5] "Verse by verse: a modern commentary" da Rabina Ruth H. Sohnm, que contribuiu em *Reading Ruth*, de Kates & Reimer, p. 15. "Por que esse verso não diz que Noemi foi deixada *com* seus dois filhos? Porque quando Elimeleque morreu, Noemi e seus filhos não estavam se entendendo bem.

Uma coisa é deixar uma casa. Outra é deixar o "lar"

Dez anos é bastante tempo para a vida de uma família unida. Quando Noemi se mudou com suas coisas da casa que talvez tenha sido seu lar desde que casou com Elimeleque, ela deixou para trás muito mais do que só um telhado, quatro paredes e uma lareira aconchegante. Ela sabia que estava deixando para trás membros da família que certamente morreriam antes de ela voltar — *se* é que um dia ela voltaria. Muitas de suas melhores amigas estavam no auge da gravidez quando Noemi deixou Belém. Muitas dariam a luz e comemorariam os nascimentos com os velhos amigos de sempre — *menos* com Noemi. Ela estava indo para Moabe! O Salmo 60.8 diz que Moabe é o "tanque de lavar roupa de Deus". Quem quer viver em um lugar onde Deus lava a roupa suja?

Pais, tios e tias foram deixados para trás — alguns, para sempre. O sonho de Noemi de ver seus filhos casando com as moças mais belas de Belém, com a vila toda comparecendo ao casamento e à festa de gala, foi destruído no dia em que viu a última silhueta da cidade, sumindo a distância. Foi quando ela viu o último campo que margeava seu vilarejo natal.

Muito do que compõe um casamento feliz — sonhos de criar e mimar os filhos e observar um marido trabalhando com os filhos, preparando-os para passar a tradição da família aos netos, para que a levem adiante — esses sonhos e esperanças foram destruídos e aparentemente enterrados para sempre. E por falar em netos, será que ela seria capaz de conversar com eles? Será que nem mesmo falariam a mesma língua?[6]

Quando as memórias causam infelicidade

Podemos apenas imaginar os sentimentos de perda e dor por que Noemi passou durante a longa jornada de Belém de Judá até Moabe. Essa dor, combinada com o medo natural do futuro, foi a receita da infelicidade.

Ainda hoje muitas pessoas lutam contra emoções de perda, raiva ou de decepção com as lembranças de terem sido retiradas da escola, do *playground* da vizinhança ou mesmo de uma amizade profunda, para então empreenderem uma repentina viagem através do país ou para fora dele. Quem não compartilha das mesmas lembranças não pode compreender a dor que elas causam.

---

[6] Isso está implicado em Neemias 13.24, embora os moabitas sejam "parentes próximos" dos israelitas.

Cresci no lar de um pregador, eu e minha irmã sabíamos o que era ficar separado do nosso pai quando ele não podia nos levar nas viagens de seu ministério. Também sabíamos o que era ter tudo em uma mala e nos vestir para a igreja aos domingos tendo apenas o retrovisor e a lateral do carro surrado como espelhos, além das pias dos postos de gasolina para nos lavarmos.

Quem não compartilha das mesmas lembranças não pode compreender a dor que elas causam

Com sua partida, Noemi perdeu muito mais do que dinheiro, lembranças e momentos com os entes queridos. Ela foi forçada a abandonar muitos dos valores compartilhados com a comunidade que ela amava e que lhe eram muito importantes. Eu só tenho um palpite retirado da própria Bíblia de quais são os valores que ela deixou em Belém.

O que realmente importa – Valores

Posso fazer uma lista dos valores que estão desaparecendo de nossa paisagem social. Acho que estamos perdendo totalmente o chão em assuntos que envolvem:

Família, Amigos, Caráter, Deus

Você pode até ter sua lista, que pode ser bem maior. Mas você provavelmente incluiria estes quatro temas.

Família

Quão ligado você é a sua família — considerando parentes, irmãos e famílias adotadas? Amigos são importantes (e já aparecem nesta lista), mas amigos não podem ocupar o lugar da família.

Parece que nós criamos um tipo de família descartável — que se apaga e recomeça. Cada vez que fazemos isso, perdemos uma parte do nosso ser. É como cortar todos os dedos, um de cada vez. Claro, você pode viver sem eles — mas dói demais, é inconveniente não tê-los e eles não crescem de novo.

Não corte a sua família da sua vida. De novo, pode não ser a família biológica a que me refiro. Pode ser aquela que você escolheu.

Amigos

Amigos não são apenas conhecidos, há uma diferença. Amigos são cruciais. Eles *ajudam* uns aos outros. Cidades são feitas de grupos de amigos e não apenas de amigos passageiros. Claro, haverá alguns, mas você precisa de amigos que são seus "amigos há 20 anos". Se você pode ser amigo de alguém por 20 anos, isso diz muito do seu caráter. Em geral, quer dizer que você aprendeu a perdoar e ser perdoado.

Caráter

Tão valioso quanto o que chamamos de caráter é a integridade com que vivemos nossa vida. Isso poderia ser melhor descrito como "o que você faria se soubesse que ninguém jamais iria descobrir o que pode fazer". *Isso* é o seu caráter. Se há pessoas em quem você realmente confia é porque elas têm um caráter digno de confiança. Há pouca pretensão a respeito delas. Elas são exatamente o que está em seu caráter.

Deus

Os Dez Mandamentos (não dez "*sugestões*") estão ligados diretamente ao último e mais importante dos "quatro grandes valores": Deus. São a declaração de valores de Deus. Ele nunca a quebrará — a declaração representa quem Deus é e também que você pode ficar seguro ao lado Dele.

Pense sobre isso: um mandamento diz que "não cobiçarás". Deus não quer nada do que você tem, portanto, as suas "coisas" estão seguras com Ele.

Você mantém relações cordiais, conversa com Ele? Sei que parece um jeito simplificador de ver as coisas, mas para mim funciona. Sou casado (e feliz) há mais de 30 anos. Mas quando não estou "falando" com minha esposa, eu ofendo o sistema de valores dela. Você valoriza o que Deus valoriza? Se O valoriza, você não quer ofendê-Lo! Não apenas porque Ele é o "poderoso chefão lá nos céus", mas porque você dá valor a Ele.

E assim, se você ama e valoriza a Deus, também vai valorizar o que Ele faz — seja na vida social, seja na familiar. Você terá um caráter confiável, fará amigos que são fiéis e amará sua família. Em troca, você será amado e querido por aqueles que abraçam os mesmos valores.

O fato de Noemi ter se mudado para longe de Belém implicou troca de valores. Os valores de Belém envolvendo família, amigos, caráter e Deus não tinham o mesmo valor dos que encontrou em Moabe. E após suas dolorosas perdas, ela precisou enfrentar sua jornada de volta, um re-aceitar dos valores de Belém — família, amigos, caráter e Deus.

Não é sempre que ao se "mudar", você necessariamente perde algo, mas muitas vezes é verdade! E não estou falando só de mudanças geográficas. Mas sobre "mudar" também nos relacionamentos e até mesmo "sair" ou "entrar" neles! O problema não é a "mudança"; é a mudança de valores que acontece quando você muda!

Para Moabe e talvez de volta

O perigo da investida da família em Moabe, a terra de valores tortos, não pode ser descrito exageradamente. Você até poderia se aventurar por lá, mas você voltaria? Elimeleque e Noemi, sem dúvida, acharam que estavam tomando a melhor decisão. Na verdade, estavam tentando salvar as crianças.

Enquanto isso, eles também sabiam que expô-los aos excessos de Moabe, terra sem valores, seria perigoso. Mas provavelmente se justificaram para os membros da família dizendo: "Só vamos ficar um pouco, até que as coisas melhorem em Belém".

Moabe certamente era uma terra abundante — abundante em comida, dinheiro, mas também cheia de idolatria e do sacrifício de crianças. Posso escutar a resposta de Noemi: "Eu nunca deixarei isso acontecer em minha família". O fato triste é que deixou. Ela perdeu o marido e os dois filhos. A corrupção distorcida de Moabe ceifou três vidas. Se Noemi fosse nos aconselhar, hoje em dia, acho que ela diria sabiamente que: *"Você não pode tirar férias dos seus valores"*.

Eterna vigilância é o preço que uma geração deve pagar para assegurar-se da segurança da próxima geração. Moabe não era *tão longe* assim. Moisés morreu em Moabe, no monte Nebo, vendo a terra prometida. Moabe não fica tão longe das promessas de Deus. Mas por que abandonar a segurança de uma promessa? Leve sua família para Moabe, mas não haverá garantia de que você a trará de volta! Aparentemente para todos, a aposta de Elimeleque ganhara. O que começou como uma "temporária" visita a Moabe parecia funcionar. *Tinha sido bem-vindo na região e a família havia prosperado de novo.* Se apenas eles pudessem evitar que Elimeleque partisse antes da hora. Mas, na verdade, nada estava bem.

O que era "temporário" se transformou em uma decisão permanente, por causa dos casamentos. Mas após dez anos de casamento, nenhuma das noras de Noemi havia engravidado. Uma nuvem escura pairava sobre toda sua família. A falta de herdeiros era perturbadora, mas evidentemente permanecia uma preocupação muda. De acordo com a tradição antiga do Oriente próximo, Orfa e Rute (mais do que os maridos) foram provavelmente culpadas pela infertilidade na época. Mas, na mente de Noemi, suas noras moabitas haviam sido muito boas para seus filhos e ela as amava de verdade.

Muita gente na moderna sociedade ocidental não consegue compreender a fundo essa preocupação com os herdeiros que irão carregar o nome e as tradições da família. Idéias modernas não são necessariamente "melhores".

Ser "cortado" da família foi pior do que a morte

A expressão "ser cortado do seio da própria família" aparece repetidamente no Antigo Testamento, como uma punição severa. E para crimes graves punidos com a morte.[7] Digamos que isso era *pior* do que a morte em si. A continuidade das gerações é o coração da sobrevivência de uma família ou de um grupo. A noção de fim da linha familiar ou de corte da própria família ou grupo é um anátema no mundo bíblico e mais tarde do mundo judeu. Esse corte representa a pior punição que uma pessoa poderia suportar.

A tradição medieval nos conta que as almas dos mortos encontram repouso em seus herdeiros, ao passo que uma pessoa que morre sem filhos não encontra repouso.[8]

Sabemos hoje que esse conceito de "almas dos mortos" que acham descanso nos herdeiros é contrário à Escritura, mas esse dado nos ajuda a entender o medo que sentiam as pessoas das eras bíblica e medieval.

Nossa cultura moderna tem causado inúmeros ferimentos à família por meio da busca cega e da veneração de direitos *individuais*, do egocentrismo e da vida egoísta em vez da vida ensinada por Jesus. Em nossa corrida pela estrada — ou talvez devêssemos dizer "superestrada sem limite de velocidade" — para longe dos valores, nós virtualmente dizimamos a estabilidade, a alegria e a força de nossas famílias (especialmente de parentes e "adotados").

[7] Ver Êxodo 31.14.
[8] Fishbane, *Reading Ruth*.

Nós simplesmente perdemos nosso caminho

Nenhuma família pode funcionar em um ambiente de egoísmo e falta de regras. Por isso, hoje, tantas famílias são tão problemáticas. Nossa frágil aparência externa pode parecer ótima, mas o exame mais superficial revela rachaduras, machucados e dor amplificada. Nós perdemos nosso caminho.

Dor interna e medo do desconhecido assombraram a todos na família fraturada de Noemi. A inquietante pergunta se impunha, não importava o quão improvável pudesse parecer: "E se todos os homens da família morressem? Como sobreviveriam as três viúvas? Como preservariam o nome da família, trabalhariam nos campos e manteriam a herança familiar — mesmo suas próprias vidas? E então o impensável aconteceu.

A palavra se espalhou, Malom e Quilion morreram *simultaneamente*. Como pôde acontecer tal coisa? Não sabemos de nenhum detalhe desconhecido por trás de suas mortes, mas temos várias opiniões. Rashi[9], um proeminente acadêmico rabínico da era medieval, acreditava que a fraseologia hebraica de Rute 1.5 traduziu "também os dois irmãos", significando que primeiro os dois irmãos foram punidos por perderem seu dinheiro. Então, seus camelos morreram e o resto do rebanho também. E finalmente, os dois morreram. Em seu moderno comentário, a Rabina Ruth H. Sohn[10] diz que "Malom e Quilion morreram juntos no mesmo dia. E como morreram? Morreram em conseqüência de uma queda, quando o telhado que estavam construindo na nova casa caiu". Sabemos que, seja lá como aconteceu, quando os irmãos morreram, todas as esperanças morreram com eles para as três viúvas.

Para explicar como os dois jovens esposos morreram, o *Targum*, uma tradução antiga da Bíblia hebraica, dizia: *"Por causa de suas transgressões, os dias foram reduzidos*, e eles morreram em uma terra impura".

---

[9] Sohn, Reading Ruth, p. 15: "Rashi [Rabino Shlomo Yitzchaki (1040-1105)] é o mais conhecido dos comentaristas medievais. Os comentários de Rashi incluem tanto suas interpretações do texto, como também suas freqüentes citações do Midrash Judaico dos primórdios rabínicos, que ele sentia lançar luz no verdadeiro significado do texto bíblico".

[10] Ibidem, p. 17. "Porque o verso [Rute 1.6] cita então aqueles dois — Malom e Quilion (Vayamutu Gam shneihem Mahlon v' Chilion)? Não é repetitivo? Isso é para nos mostrar que os dois morreram juntos no mesmo dia. E como morreram? Como resultado de uma queda, quando o telhado que estavam construindo para sua nova casa desabou". (Grifo do original.)

Um acadêmico explica que "para o Targum, qualquer lugar fora de Israel, Moabe em particular, é considerado impuro, ou seja, não é adequado para criar uma família judia".[11]

Noemi sofreu mais, perdeu mais e foi deixada com o mínimo

Isso atingiu Noemi em cheio. Ela sofreu por mais tempo, perdeu mais e foi deixada com o mínimo. E, acima disso, ela estava mais longe de sua família, parentes, amigos e do lar.

A lembrança é um dos componentes mais importantes do luto. Noemi teve de suportar três funerais. Se Noemi era um pouco "judia" (e ela era), então ela já havia aceitado suas noras desde o começo e passado a ensinar para as duas o significado de ser judeu e de como deveriam ser boas esposas para os maridos.

Na tradição oral antiga, ela estaria inclinada a compartilhar com elas os Dez Mandamentos e a Lei entregue por Moisés, a fim de ensiná-las a história judaica completa de Abraão, Isaque e Jacó.

Depois de passarem mais de dez anos juntas, como mãe e filhas unidas pelo casamento, na morte de seus filhos, Noemi, talvez uma vez mais, pegou as ferramentas de seu mentor para ensinar as duas noras princesas como "fazer o luto e lembrar", exatamente como faziam as esposas judias e as mulheres que enfrentavam a *perda*. E a *lembrança* era vital.

A tragédia da situação foi que a morte desses três homens deixou pouco *status* social, valores pessoais ou futuro potencial disponível para Noemi, Rute e Orfa. Rabinos antigos estudando essas passagens se horrorizam abertamente com a imigração para Moabe e o subseqüente casamento de seus dois filhos com as mulheres da nação acusada.

R. Hanina comenta: "Ela tornou-se uma 'remanescente dos remanescentes'."[12] De acordo com a lei prescrita, o sacerdote pegaria da *mincha* [oferta da farinha] uma

---

[11] Leonard S. Kravitz & Kerry M. Olitzky, *Ruth: a modern commentary* (Tel Avivi, Israel: URJ Press, 2005), p. 4. Os autores citam o *Targum*, uma paráfrase caldéia ou aramaica do Oeste explanatória do Antigo Testamento feita pelos judeus do cativeiro, com pouco ou nenhum conhecimento do hebreu escrito. Os rabinos que traduziram o *Targum* muitas vezes acrescentavam suas próprias explanações ou interpretações das passagens originais, que passaram a ser vistas e ensinadas como se tivessem a mesma autoridade das Escrituras originais.

[12] Ruth Rabbah 2:10.

porção que incluía óleo, farinha e uma fragrância cara e importada, e a queimaria sobre o altar. O restante era comido pelos sacerdotes.

O Midrash, *comentário e interpretação bíblica escrito por sábios judeus*, descreve ambas as tragédias de acordo com esse paradigma. Primeiro Elimeleque, o cabeça da família, morreu. Ele era como a porção escolhida. Em seguida, os filhos, os remanescentes, foram consumidos. Suas viúvas permaneceram, *remanescentes espectrais dos remanescentes*.[13]

Elimeleque e seus filhos haviam deixado Efrata — a "Terra da Fecundidade"

Alguma coisa parecia errada com o futuro da família, porque um possível intervalo de dez anos era tempo suficiente para qualquer casal gerar filhos.

Talvez o problema fosse que Elimeleque e seus filhos houvessem deixado Efrata, a "Terra da "Fecundidade"[14], para fazer de Moabe seu lar. E, então, Moabe se tornara a terra da morte e da esterilidade. Nenhum dos filhos produziu um herdeiro e nenhuma nora tornou-se mãe ou deu a Noemi um neto. A ironia da situação é que Rute, a moabita, logo sairia da sua casa de luto, para deixar tudo para trás e seguir sua sogra Noemi para dentro do divino esquema de Deus. Ela um dia seria chamada de "Rute, a mãe dos reinos"[15] e "se uniria às matriarcas como uma das mães do povo judeu".[16]

Experiências de perda unem ou dividem as pessoas. O teste estava por vir. Não havia restado nada para Noemi em Moabe, além das duas jovens mulheres

---

[13] Rabina Arie Strikoovsky, extraído de "Ruth", um artigo *online*. © Pardes Institute of Jewish Studies in Jerusalém. All rights reserved. Acessado no link: http://www.pardess.org.il/online_learning/holidays/ruth (grifo do autor).

[14] *New exhaustive strong's numbers & concordance with expanded greek-hebrew dictionary*. (Copyright © 1994, 2003 Biblesoft, Inc. & International Bible Translators, Inc.) – Ephrata: OT:672'Ephraath (ef-rawth'); ou 'Ephrathah (ef-raw'-thaw); de OT:6509; Fecundidade; Efrata, outro nome de Belém.

[15] Clarke, comentando opiniões mostradas no Targum, ligando a passagem de 1Crônicas 4.23 ao livro de Rute: [Estes foram oleiros] 'Estes são os discípulos da lei, o motivo pelo qual o mundo foi criado, que presidem em juízo; e fundamentam o mundo; e eles construíram e aperfeiçoaram a casa caída de Israel: eles habitaram lá com a Shekiná do Rei do Mundo, no estudo da lei e a intercalação ou meses, na determinação do começo dos anos e festivais: e computaram os tempos do céu durante os dias de Rute, a mãe dos reinos, aos dias de Salomão, o rei'. Targum".

[16] Rabina Arie Strikovsky, extraído de "Ruth".

que havia aprendido a amar. Lembro-me do meu avô, um pastor, depois que fez 90 anos, contando-me em seus últimos anos de vida: "Não restou ninguém que tenha presenciado minha infância".

As palavras de meu avô permanecem em minha mente como uma das mais tristes declarações sobre a idade avançada da experiência humana. São tristes em especial, pois nenhuma atitude foi tomada para passar à frente aquelas lembranças, crenças, realizações ou amores, para as gerações que se seguiram.

Se você entra nas casas preservadas das famílias saudáveis, que mantêm relacionamentos que permanecem intactos, você certamente encontrará paredes cobertas de fotografias emolduradas.

Meu avô foi correto no sentido de que não podia lembrar-se de alguém vivo que presenciara sua infância. Mas havia — e há — múltiplos lares cheios de gente que vai alegremente contar histórias sobre a infância maravilhosa de seu avô, sua personalidade, os casos que ocorreram e seu ministério ungido!

Noemi olhou a sua volta em seu lar agora vazio em Moabe, cheio de lembranças de sua profunda perda. Cada quarto abrigava farpas emocionais, só esperando para furar seu coração de novo, com memórias dolorosas e nada mais do que isso. Era hora de voltar para seu lar.

Mesmo se nada a aguardasse por lá, nada ela esperaria dali. Ao menos ela escutara rumores de que havia pão em Belém. E lá era... o *seu lar*.

> *Quando Noemi soube em Moabe que o* SENHOR *viera em auxílio do seu povo, dando-lhe alimento, decidiu voltar com suas duas noras para a sua terra. Assim, ela, com as duas noras, partiu do lugar onde tinha morado.*
>
> *Enquanto voltavam para a terra de Judá, disse-lhes Noemi: "Vão! Retornem para a casa de suas mães! Que o* SENHOR *seja leal com vocês, como vocês foram leais com os falecidos e comigo. O* SENHOR *conceda que cada uma de vocês encontre segurança no lar doutro marido".*
>
> *Então deu-lhes beijos de despedida. Mas elas começaram a chorar alto.*[17]

---

[17] Rute 1.6-9.

CAPÍTULO 5

Tropeçando pela estrada certa
Sua crise pessoal pode causar epifania em outra pessoa

Os últimos momentos antes de deixar o lugar que um dia você chamou de lar são os piores. Não é como uma viagem de dias ou meses, ou mesmo o afastamento de quatro anos para cursar a universidade. Nesses casos, você sabe que vai voltar. O lugar que se deixa permanece sendo o lar do coração.

Só que não dessa vez. Não para Noemi, ao deixar Moabe. Por momentos, ela lembrou de como foi diferente sair de Belém dez anos atrás. Tudo o que importava naquele lugar agora estava morto. Tudo. Exceto as duas jovens mulheres que passaram a maioria dos anos difíceis ao lado dela.

Ela estava pronta para partir sem hesitar. Ela compreendeu afinal que pessoas boas também caem nas armadilhas dos lugares ruins.

O que ela não percebera ainda era que pessoas boas também *poderiam vir* de lugares ruins. Noemi sabia o que devia fazer, onde devia ir e tinha certeza de que suas duas noras não iriam com ela. Eram um mundo e um destino diferentes daqueles a que elas estavam acostumadas.

Rumores que corriam entre os mercadores de caravanas chegaram aos ouvidos de Noemi e de fontes dentro do palácio real, de onde suas noras vinham. Dizia-se pelas rotas dos mercadores que o Deus invisível dos israelitas, na distante Judá, tinha visitado Seu povo mais uma vez. A fome havia acabado na região. Parece que havia mais uma vez pão em *Bit Lechem* — *Bethlehm*, Belém, literalmente batizada como a "casa do pão".[1]

Esperança é o "pão" da alma. Sem ela, a vida parece murchar e arrisca-se a morrer justamente pela inanição da alma. Queremos viver em uma casa com fartura de comida. Do mesmo jeito, precisamos manter um grande estoque de esperança disponível para nossa alma.

O desejo de Noemi em retornar havia "despertado" seu apetite (note que digo apetite "para o que é bom", não apenas fome intensa por algo consumível). É o mesmo processo do filho pródigo.[2] A fome física despertou a fome espiritual pelo "lar".

Diferentes tipos de pães são mencionados na Bíblia. Todos eles têm um sentido profético. O "Pão Sagrado" era profético, o maná também.[3] Noemi estava perseguindo o profético pão semeado por um apetite profético. Ela ia voltar para um lugar onde uma manjedoura se tornaria a "casa de pães" para o pão da vida. Ela iria tomar parte disso, mas ainda não sabia!

O suprimento de esperança de uma pessoa pode aumentar ou diminuir durante os altos e baixos, mas durante a estação da seca — a noite escura da alma — isso pode ser apavorante. Esses lugares escuros e secos, com o tempo, podem facilmente gerar desespero e desesperança. Mas você não tem idéia de qual possa ser o seu destino! Mantenha viva a esperança!

Noemi sofrera 20 anos de dor e suas esperanças foram diminuindo. Nesse dia, aparentemente levada pelo fim delas, tomou uma decisão e assim comprometeu todo seu futuro.

Quase posso escutá-la sussurrando para si mesma na noite seguinte à sua decisão: "Se eu conseguir voltar para meu lar, então ao menos não morrerei de fome". Ela aspirava a pouca coisa. Como o antigo dito hebraico, "*M'shaneh makom, m'shaneh mazal* — *Mudar de lugar muda a sorte*.[4]

---

[1] Esta miraculosa restauração do pão após a fome, no livro de Rute, foi a base de meu primeiro livro, o *best-seller The GodChasers* (Shippensburg, PA; Destiny Image Publishers, 1998). Ler em especial o capítulo 1.

[2] Jesus conta a parábola do filho pródigo em Lucas 15.11.

[3] Ver Êxodo 16.31; 25.30.

[4] Leonard S. Kravitz & Kerry M. Olitzky, *RUTH: A modern commentary* (Tel Avivi, Israel: URJ Press, 2005); Essa expressão do hebreu é citada pelos autores em referência a decisão de Noemi de voltar para seu lar, p. 5.

E disseram-lhe [Ofra e Rute]: "Certamente voltaremos contigo para o teu povo."
Noemi, porém, respondeu: "Voltai, minhas filhas; porque ireis comigo? Tenho eu ainda filhos no meu ventre, para que viessem a ser vossos maridos?
"Voltai, filhas minhas; ide-vos, porque já sou velha demais para me casar. Ainda quando eu dissesse: 'Tenho esperança; ainda que esta noite tivesse marido e ainda viesse a ter filhos'.
"Esperá-los-íeis até que viessem a ser grandes? Deter-vos-eis por eles, sem tomardes marido? Não, filhas minhas, porque mais amargo me é a mim do que a vós mesmas; porquanto a mão do SENHOR se descarregou contra mim."
Então levantaram a voz, e tornaram a chorar; e Orfa beijou a sua sogra, porém Rute se apegou a ela.[5]

Você notou a última linha? *"Orfa beijou"*, *"Rute se apegou"*. Estamos a ponto de descobrir a diferença entre "beijo" e "apego". São tão diferentes quanto namoro e casamento. Ambos implicam em paixão, mas um implica em compromisso e o outro em conveniência. Rute e Orfa estavam a ponto de se decidirem. Deveriam ficar ou voltar? Unir ou separar-se?

A separação revela a verdade sobre uma relação

É precisamente na separação que a profundidade e os fundamentos de uma relação se revelam. Nesse momento, não dá mais para esconder — é a rodada final. A habilidade para partir é o que confirma o poder de uma decisão. A ação deve seguir a palavra nesse ponto extremo entre a dor do passado e as possibilidades do futuro — seja lá o que essas palavras signifiquem.

A crise de Noemi mudou tudo. O que quer que as três mulheres tenham aceitado como normal, não era mais "normal". Coisas mudariam, e elas mudariam daquele momento decisivo em diante, com conseqüências que alterariam a história para sempre. Nenhuma das três mulheres enlutadas percebeu naquele dia o quanto estavam para mudar. Nem jamais imaginariam que nações inteiras

---

[5] Rute 1.10-14 NASB, tradução livre, grifo do autor.

seriam transformadas, assim como também parte de suas identidades, tudo a partir das decisões que tomaram naquele dia na estrada.[6]

Decisões tomadas "ao longo do caminho" têm conseqüências desastrosas para o futuro.

O coro do compromisso anunciado chegou rapidamente

As duas noras moabitas rapidamente se comprometeram com sua sogra Isso me lembra de outra época, situada muito tempo depois, quando o coro do compromisso anunciado chegou rapidamente. É lamentável que, o espírito estava disposto, mas a carne provou ser fraca.

> *Então Jesus lhes disse: "Ainda esta noite todos vocês me abandonarão.*
> *Pois está escrito:*
> *"'Servirei o pastor,*
> *e as ovelhas do rebanho*
> *serão dispersas'*
> *Mas, depois de ressuscitar, irei adiante de vocês para a Galiléia".*
> *Pedro respondeu: "Ainda que todos te abandonem, eu nunca te abandonarei".*
> *Respondeu Jesus: "Asseguro-lhe que ainda esta noite, antes que o galo cante, três vezes você me negará".*
> *Mas Pedro declarou: "Mesmo que seja preciso que eu morra contigo, nunca te negarei". E todos os outros discípulos disseram o mesmo.*[7]

Essa é uma cena que acabaríamos ver se repetir muitas vezes mais. Abraão e Ló. Jesus e Judas. Jesus e Pedro. Davi e Jonas. Ester e Mordecai.

Agora são Noemi, Orfa e Rute. Beijos de afeição e laços de ternura são revelados em sua essência – expressões de comprometimento ou sinais de separação. Mas nunca erre a ponto de pensar que um beijo é comprometimento! Mafiosos beijam sua vítima para selar sua sorte.

---

[6] Ficará claro, neste e em outros capítulos deste livro, que o futuro do povo judeu, a realização da profecia Messiânica, e até mesmo o futuro dos mais memoráveis inimigos de Israel foram colocados na balança naquele dia.

[7] Mateus 26.31 — 35, grifo do autor.

Judas beijou as portas do paraíso, mas acabou no inferno. Este é o ponto onde as ações falam mais alto do que as palavras.

Se as palavras são seguidas por ações que demonstram compromisso duradouro, são expressões de pacto. As palavras são reduzidas a simples expressões públicas e sinais de *divisão "cordial"* (ou bem pior, de amarga traição).

A crise tem sua maneira de colocar os laços familiares e a liga da amizade sob a luz penetrante, a revelar os verdadeiros motivos do coração e seus valores internos. Não há surpresa nenhuma no fato de a crise separar os parentes "pedintes" dos parentes "conte comigo".[8]

Se a morte de um ser amado é suficiente para nos colocar em estado de choque, você pode imaginar o que as três passaram. Funerais geralmente despertam o melhor das pessoas. Mas também o seu pior. A tristeza subjuga nossa sensibilidade e, às vezes, dizemos coisas sem pensar.

Os fios tênues de um casamento e suas relações em geral se rompem após a morte de uma pessoa amada. Na verdade, às vezes só aturamos alguns parentes por causa de alguém muito querido. Não sei muito bem como isso se deu com Orfa. Tudo que sei é que ela recebeu alguma atenção de Noemi, apenas o "suficiente para beijá-la, mas não [para] agarrar-se a ela".

Mesmo Noemi tendo sofrido só a perda de três entes queridos, enquanto Rute e Orfa perderam um só, ela parecia mais estável, lúcida e capaz de processar essa perda. Ela mostrava a realidade para Rute e Orfa.

Expor a dureza da situação para ter controle da realidade

Parentes e amigos de verdade geralmente lançam mão da terapia de choque para nos ajudar a enfrentar situações difíceis. Da mesma maneira, amigos menos íntimos podem ser menos leais. Noemi realmente amava suas noras. Ela as amava o suficiente para compartilhar a verdade absoluta sobre a crise mútua por que passavam.

Três vezes Noemi explicou a amarga situação para as duas viúvas moabitas. Para invocar o controle necessário da realidade, ela disse simplesmente: "Se vocês esperam por mais filhos de Noemi para se casarem, entendam que não tenho bebê algum agora. E não terei bebês no futuro. E se vocês esperarem muito tempo contando com o meu ventre, bebês não virão para *vocês* também".

---

[8] Kravitz & Olitzky, *Ruth*, p. xi.

Primeiro: não havia bebê no ventre de Noemi para nascer nos próximos nove meses, crescerem e se casarem com elas, para que estas por suas vez gerassem filhos. Pior ainda (e mais improvável), mesmo que Noemi se casasse de novo e logo engravidasse por milagre, não haveria tempo hábil para isso. E, finalmente, Noemi perguntou a elas se queriam colocar suas vidas — e seus relógios biológicos, considerando o desejo de gerar crianças — "em espera" por décadas. O último comentário amargo de Noemi foi feito para o benefício de suas duas noras, mas também revelou sua condição pessoal naquele momento:

> "Não, filhas minhas, que mais amargo me é a mim do que a vós mesmas; porquanto a mão do SENHOR se descarregou contra mim."[9]

A calamidade de Noemi também deixaria suas noras sem filhos?

Noemi estava expressando sua amarga rendição ao que ela sentia ser a vontade de Deus. E ela temia que isso também deixasse suas noras sem filhos. Se o conteúdo de suas palavras não era suficiente, então a falência emocional de sua alma tornou-se o catalisador final ou a fagulha que acendeu o processo de decisão, levando-a à ação concreta. Foi o "sopro eficaz" que revelou afinal a direção que cada uma iria seguir.

Após outra compulsão de choro e lágrimas, Orfa beijou e disse adeus à sua sogra, enquanto Rute "agarrou-se" a ela como em um pacto de compromisso.

Infelizmente, essa "grande divisão" parece afetar todo tipo de compromisso da experiência humana. Quando problemas ou adversidade surgem, a maioria das pessoas se vai — incluindo muitos dos que diziam seguir Cristo.[10]

Orfa voltou a Moabe — para seus deuses, sua cultura e seu destino. De fato, de acordo com a literatura rabínica, Orfa casou e teve quatro filhos

---

[9] Rute 1.13b ARC, SBTB, grifo do autor.

[10] "Quantos se separam de Cristo neste atalho? Como Orfa, andam 200 ou 400 metros com Cristo, até que Ele os despe de suas esperanças mundanas e *os convida a preparar-se para as dificuldades*; nesse momento, eles simplesmente O beijam e O abandonam". (William Gurnall, citado por James G. Gray & George M. Adams, *Bible commentary*) AMP, p. 316, nota de rodapé para Rute 1.14b (grifo do autor).

— todos eles gigantes que foram mortos no reinado de Davi![11] A jovem viúva amava sua sogra de verdade, mas como afirma um escritor atual:

> *O que Orfa perde são os últimos 3 mil anos em que poderia estar presente na história. Israel continuou, Moabe não...*
>
> *Importaria a Orfa que seus tataranetos ficassem de fora da história, já que não haveria um livro de Orfa e ela saiu do livro de Rute em seu 14º verso?*
>
> *A normalidade não é visionária. O apetite da normalidade acaba na satisfação.*[12]

Rute vislumbrou Deus através da vida de Noemi, em meio à adversidade

E sobre Rute? Como essa jovem viúva respondeu à tentativa de Noemi de convencê-la a desistir da aventura desesperada rumo a um futuro incerto, em uma longínqua terra estrangeira? Sua apaixonante resposta a Noemi delineia um quadro epifânico. Você sabe o que é uma epifania? É quando você tem um momento de revelação, uma percepção repentina ou a compreensão de algo.

Rute teve uma percepção repentina, uma consciência do que era valioso para ela. Impelida por uma circunstância ruim e pela perda pessoal em direção ao abismo, Rute vislumbrou Deus através da vida de Noemi, que vivia em plena adversidade. E escolheu seu caminho: ela viu Deus através de Noemi, na mais dolorosa crise por que a sogra passava. E, ironicamente, ela encontrou Deus no tempo mais doloroso de sua própria vida. Uma vez mais Noemi suplicou a Rute que voltasse:

---

[11] Extraído do artigo na JewishEncyclopedia.com relacionado a Orfa: "Na literatura rabínica, Orfa é identificada como Harafa, a mãe dos quatro gigantes filisteus (comp. II Samuel. Xxi.22); e dizem que esses quatro filhos foram dados a ela em troca das quatros lágrimas que verteu na separação de sua sogra (Sohah 42b). Era a irmã de Rute; ambas eram filhas do rei moabita Eglom (Rute R. ii.9). O nome dela foi mudado para 'Orfa, porque virou as costas para sua sogra (*Ib.*; comp. Sohah *l.c.*). Ela foi morta pelo general de Davi, Abisai, o filho de Zeruia (Sanh. 95a). E.C.J.Z.L." JewishEncyclopedia.com Por: Comitê Executivo do Corpo Editorial. Jacob Zallel Lauterbach. Copyright 2002 Jewish Encyclopedia.com. All rights reserved. Acessado em: 10-21-06 em: http://www.JewishEncyclopedia.com/view_friendly.jsp?artid=141&letter=0

[12] Cynthia Ozick, "Ruth": capítulo de *Reading Ruth: contemporary women reclaim a sacred story* (New York: Ballantine Books, 1994) de Judith A. Kates & Gail Twersky Reimer. p. 224.

> *Por isso disse Noemi: "Eis que voltou tua cunhada ao seu povo e aos seus deuses; volta tu também após tua cunhada".*[13]

Rute começou então a verbalizar talvez o mais ungido trato jamais registrado na história humana. As palavras dessa moabita de coração partido, dirigidas a sua sogra judia desesperançada, *estabeleceram o "padrão dourado" para a devoção nas relações humanas e na identificação espiritual:*

> *Disse, porém, Rute: "Não me instes para que te abandone, e deixe de seguir-te; porque aonde quer que tu fores irei eu, e onde quer que pousares, ali pousarei eu; o teu povo é o meu povo, o teu Deus é o meu Deus;*
> *Onde quer que morreres morrerei eu, e ali serei sepultada. Faça-me assim o* SENHOR, *e outro tanto,* se outra coisa *que não seja a morte me separar de ti."*
> *Vendo Noemi, que de todo estava resolvida a ir com ela, deixou de lhe falar.*[14]

Aparentemente, Rute havia visto demais — muito amor, muita compaixão, talvez muita sabedoria e muita fé. O momento em que Noemi experimentou a maior crise de fé na estrada para Belém coincidiu com os momentos da mais elevada fé reveladora de Rute! É quando nos tornamos conscientes de que Rute percebe que Noemi tem um Deus. E esse Deus é bem diferente daqueles deuses moabitas.

Os sete valores do compromisso de Rute

Há sete poderosos valores no "Pacto de identificação" de Rute:

1. Não vou deixar ou abandonar você.
2. Não vou parar de seguir você.
3. Aonde você for, eu vou.
4. Onde quer que você viva, viverei.
5. Seu povo será meu povo, sua família, a minha e seus amigos, meus amigos.

---

[13] Rute 1.15 ARC, SBTB.
[14] Rute 1.16-18 ARC, SBTB, inserção de colchetes pelo autor.

6. Seu Deus deverá ser o meu Deus.
7. Onde você morrer e for sepultada é o lugar onde morrerei e serei sepultada. Estamos juntas nisso até a morte.

Não é incrível que muitos casamentos incluam as palavras do compromisso feito por uma nora a sua sogra? O pacto nupcial dos noivos é o mais poderoso e solene acordo humano já feito. Mas o compromisso de Rute com Noemi e seu Deus é tão forte quanto! Ambos contêm o compromisso absoluto de "deixar e unir-se" (ainda que de diferentes maneiras).[15]

Deus tem uma promessa conectada a esse nível de compromisso. Em geral, tentamos "manter" nossos compromissos, mas falhamos e não conseguimos. Por isso precisamos de Sua promessa "para mantermos nosso *compromisso*".[16]

O compromisso de Rute fortaleceu a Liga do Amor

Alguns acreditam que a relação entre Noemi e Rute realmente não tenha se aprofundado até a morte dos filhos de Noemi.[17] É aqui, no auge da crise, que o pacto de compromisso começou a fortalecer a união de amor entre ela e Noemi. Rute havia decidido se tornar o que ainda é chamado de "judeu por escolha".

Sua decisão — e a profundidade de seu compromisso — era tão importante para o futuro dos judeus que seu nome seria ligado para sempre ao Shavuot, a antiquíssima festa do Sabbath que marca a entrega da Torá ao povo judeu "e a sua aceitação".[18]

---

[15] Ver Gênesis 2.24 Compare o pacto de Rute com o pronunciamento do pacto antigo de Adão para Eva.

[16] Ver 2Timóteo 1.14.

[17] Kravitz & Olitzky, *Ruth*, p. xi. "A relação de apoio mútuo e aceitação que se desenvolveu entre Rute e Noemi talvez não tenha paralelo na Bíblia. Mas só após a morte de seus filhos Noemi pôde abrir seu coração e receber Rute" (grifo meu).

[18] IBID. "Hoje, muitos relacionam o livro de Rute com a experiência positiva dos judeus por escolha contemporânea, aqueles que adotaram o Judaísmo em suas próprias vidas, como também os que escolheram juntar suas crenças à do povo judeu, vivendo entre eles, sem o benefício da conversão... Desde que o Shavuot marca a entrega da Torá ao povo judeu — e sua acolhida — é correto ligar Rute à essa festividade".

O que quer que Rute tenha visto na vida de Noemi, cativou-a tanto a ponto de ela querer demais abandonar toda sua vida pregressa e abraçar o desconhecido.

Observar a graça heróica de outra pessoa em lidar com os problemas da vida, em geral nos inspiram a achar a fonte da força alheia.

Rute estava tentando *pertencer, ter uma relação com o Deus que vira na vida de Noemi*. A única rota que ela vislumbrava era alinhar sua vida com a de Noemi. Estava procurando aderir aos valores que nunca conhecera antes — até o dia que conheceu Noemi. O exemplo de Rute nos ensina três coisas:

1. Se você ama alguém, nunca deixe de dizê-lo.
2. Se você quer se conectar a alguém, nunca perca a oportunidade.
3. Busque relacionamentos.

Em geral, pais que querem incluir uma criança na família, por adoção, escolhem seu bebê. Sejam os olhos castanhos, a covinha do rosto, a cabeça coberta de cabelos, seja a simples disponibilidade, assim *os pais escolhem*. Esse é o jeito natural do mundo. No Reino espiritual, muitas coisas funcionam ao contrário. Nesse Reino, escolhe-se alguém para adotar como pai ou mãe espiritual. Rute fez sua escolha.

A única vez que um filho ou filha pode escolher um pai ou uma mãe foi através da lei espiritual da adoção. Rute *nada* podia fazer se o impiedoso rei moabita Eglom era seu pai biológico. Mas tinha *tudo* a ver com o fato de escolher Noemi como mãe espiritual adotada. (Ela poderia ter ido pelo mesmo caminho de outras jovens esposas e rejeitar a sogra).

Princesa da escuridão ou seguidora do Deus de Noemi?

Rute seguiu esse caminho o tempo todo. Começou como princesa moabita, filha do rei Eglom. Se a vemos através do severo espelho da lei, então Rute era a Princesa da Escuridão, a filha de um obeso e abusivo rei idólatra, o maior inimigo do povo de Deus na época. Sim, ela abraçara o Deus de Noemi em um compromisso vitalício. Obviamente, Deus não estava usando esse espelho legal. Não precisava. Ele vê as coisas de uma maneira diferente da nossa — Ele perscruta diretamente o coração através das lentes graciosas do paraíso.

Rute aprendera a lição ao adotar amigos ou mentores cuja compreensão era mais elevada do que a dela. A sua primeira escolha sábia foi a adoção de Noemi como sua mãe espiritual. As relações tutoriais mais eficazes são as baseadas no amor. Noemi e Rute se aproximaram tanto que seus destinos tornaram-se irremediavelmente ligados.

Um escritor tentou descrever a relação através de um relato ficcional: "Rute está *unida* com a amizade de Noemi e sua sabedoria. *Orfa sentiu várias vezes que uma única alma habita nos corpos de Rute e Noemi*".[19]

Noemi era capaz de tomar más decisões, pois mesmo as pessoas boas — todas as pessoas boas — assim também o fazem. No entanto, os erros deveriam diminuir à medida que nos aproximamos na direção do plano que Deus tem para nossa vida. Uma das coisas estranhas sobre Deus é que Ele se deleita em usar pessoas comuns, com falhas, para revelar Seu amor e perfeição extraordinária.

Quando Rute começou a dar expressão a seu coração, no caminho rumo a Belém, Noemi estava "de fora". O que começara como um compromisso pessoal entre duas mulheres tornara-se um pacto eterno na composição entre Rute, a moabita, e o Deus de Abraão — mesmo Noemi sendo a beneficiária!

Às vezes, os mais jovens podem ajudar os mais velhos a renovar a busca de seus sonhos. A boa decisão de Rute de ir com Noemi foi tão poderosa que compensou o peso de meia dúzia de decisões! Fechou de vez a porta da dor do passado, abrindo uma nova porta para o futuro — para as duas. *Compromisso pode ser a ponte do bom para o excelente.*

Só o fato dessa despedida de caminhos tomar lugar na jornada, em algum ponto entre o lugar que deixaram em Moabe e para onde estavam indo, prova que "perto de casa *não é* o mesmo que estar em casa". Uma mudança certa não se equaciona com a chegada ao destino.

E Orfa? Ela veio até perto de casa; ela devia ser "parcialmente" honrada? Ela tinha alguma afeição por Noemi. Sua vida sem dúvida sofrera um impacto. Mas o peso do passado era demais. Orfa voltou. Seu medo era muito maior do que sua fé. Ninguém a culpou, mas ninguém se lembra mais dela.

---

[19] Gloria Goldreich, "Ruth, Naomi, and Orpaj: a parable of friendship", sua contribuição à *Reading Ruth: contemporary women reclaim a sacred story* (New York: Ballantine Books, 1994) de Judith A. Kates & Gail Twersky Reimer. p. 37.

E Rute? Sua lealdade precedia sua realeza. Porque era leal, mais tarde encontrou-se na linhagem real — uma princesa pagã elevada à linhagem de sangue do rei Davi, de Israel.

A confissão de Rute e Seu povo originou-se em sua casa de casada. Floresceu do amor com o qual lhe foi permitido abraçar israelitas... *A conduta de uma mulher israelita [Noemi] numa terra estrangeira foi capaz de fazer acontecer um amor e uma confissão do Deus como aquele de Rute... Rute ama uma mulher e, assim, é guiada pelo Deus A quem aquela mulher confessa.*[20]

Exatamente como a mulher com hemorragia que tocou a bainha da roupa de Jesus, Rute tocou algo (ou alguém) que estava tocando Deus e foi curada.[21] Ela nem tocou Jesus, apenas algo que estava tocando Nele. E ela foi para casa curada. Outras Noemis seriam muito úteis. Rute tocou alguém que tocou o sagrado, que veio da Terra Sagrada. Ela nunca seria a mesma. Nem a história.

---

[20] J. P. Lange, *A commentary*, AMP, p. 316, nota de rodapé sobre Rute 1.16b, grifo do autor.

[21] Ver Mateus 9.20-22.

Capítulo 6

A viagem de volta
Alcançar o objetivo em meio à confusão

Mesmo com um GPS, a jornada de volta ao lar é um processo complexo. O que faz a vida ser tão imprevisível? Para começar, temos de lidar com as variáveis da vida — coisas que podem mudar tudo o que virá. Coisas como uma doença séria, a queda das ações, uma traição inesperada do melhor amigo ou um carro que inesperadamente invade a sua porta.

Depois, temos de lidar com o que é um fator fixo e incontrolável: a família onde nascemos, nosso DNA. Mas talvez a variável mais difícil seja simplesmente o desconhecido. Se essas variáveis e imprevisibilidades não são suficientes para fazer da vida uma "confusão", há todas as falhas que conhecemos bem, como o desdém pela autoridade, nossos medos, o impulso de mentir, de comer demais, de ver pornografia ou apostar e perder a última moeda. Se a lista parece infinita, a frustração também é. Tudo causa impacto.

> *Vendo Noemi, que de todo estava resolvida [Rute] a ir com ela, deixou de lhe falar. Assim, pois, foram-se ambas, até que chegaram a Belém.*[1]

A jornada de volta aos valores do lar é como "sair da confusão", com freqüentes retrocessos para consultar os mapas e os guias da vida. É impro-

---

[1] Rute 1.18,19 ARC, SBTB.

vável que qualquer um de nós possa continuar sua jornada buscando "sair da confusão" sem lutar, sem espernear, sem se machucar ou culpar-se pelas próprias falhas.

Então, a confusão veio para Noemi. Primeiro, foi o golpe da fome. Depois foi seu marido, Elimeleque, que decidiu mudar com a família para Moabe e esperar a seca acabar. Foi aí que teve início para Noemi sua agonizante descida rumo ao desespero. Primeiro, foi a morte de Elimeleque, seguida da perda dos dois filhos, uma grande confusão. Confusão financeira, emocional. Muito transtorno.

As coisas começaram a melhorar um pouco quando notícias de abundância em Belém acenderam sua esperança. E rapidamente Noemi decidiu voltar para casa. Ela deve ter pensado: *"Muito bem, eu tinha uma fazenda. Talvez eu deva voltar e ver... Talvez eu possa sair dessa confusão que é Moabe"*.

O retorno ao lar deve ter sido como subir uma montanha íngreme, imensa. Mas toda montanha é um servo de sua fé.[2] É preciso obedecer à fé. Ela precisou "sair daquela confusão" e dar a notícia às suas duas fiéis noras.

Rute saiu do *script* e bagunçou o plano de fuga

Noemi sentiu que seria aceita, bem-vinda e bem-cuidada por seus velhos amigos e por sua família de Belém. Também sabia que nenhum moabita seria bem-vindo em Judá — não com a maldição sobre suas cabeças e após sua longa opressão ao povo hebreu.

Mas Rute decidiu "sair do *script*" e bagunçar o plano de fuga de Noemi com sua repentina decisão de segui-la até Belém e ficar a seu lado para sempre — a todo custo. Isso é o que chamo de "fé *arriscada* em um Deus *certo*". Mas isso era um problema – talvez confortante, mas ainda assim uma complicação. Era hora de sair de outra confusão.

Após dar-lhes a notícia e o abraço determinado, o que mais Noemi podia fazer? Estava alegre com sua companhia e lealdade, mas preocupada com Rute e incerta quanto ao futuro. O que poderia dizer após o discurso apaixonado da jovem? Noemi estava realmente preocupada com o futuro incerto de Rute em Belém. Não havia amor para moabitas em sua cidade natal, e Rute era uma bela jovem viúva, sem filhos ou homem autoritário para protegê-la. Como

---

[2] Ver Mateus 17.20; 21.21.

jovem estrangeira disponível, ela poderia ser até considerada "um alvo" pelos homens sem escrúpulos da sociedade.

Noemi estava convencida de que havia se tornado alvo do castigo vingativo, por causa das decisões de seu finado esposo. Assim, Noemi se agarrou à amargura. Mesmo quando seus pés já apontavam para a terra prometida, sua mente estava atolada em Moabe. Mas ela tinha a "vantagem do pródigo": quando tudo está perdido, *ainda sabe o caminho de casa*.

Parecia óbvio para Noemi que Deus a tivesse cortado de Sua lista de "abençoados e favorecidos". Que erro ela cometera! Felizmente, um dos benefícios do processo de "sair da confusão a todo custo" é que você vê progresso imediato quando a bagunça começa a transformar-se em ordem.

Logo que deixou Moabe, a cidade deixou de ser seu lar. Moabe se tornou um lugar que ficou para trás. Agora, o lugar que é chamado de **Terra de Judá**, era para onde ela estava voltando. Noemi podia agora esperar mais do futuro, tinha a imagem de Judá brilhando diante de seus olhos.

Com Noemi aprendemos que *teshuva*, arrependimento ou retorno, é um processo que se apodera do brilho de esperança presente no relato de que Deus lembrou-se do povo dela e está dando pão a eles.[3] Talvez Noemi tenha sentido que seu destino estava sujeito à "loteria da casualidade", cortada dos favores divinos, à mercê do "que pudesse acontecer".

Aprenda a agir como amigo em qualquer circunstância, porque isso serve ao propósito de Deus. Mesmo as traições e os traidores — Jesus chamou Judas de "amigo"! A traição de Judas, tão dolorosa quanto foi, serviu a um propósito maior.[4] Às vezes, a traição é o melhor amigo que seu destino já teve.

> *Assim, pois, foram-se ambas, até que chegaram a Belém; e sucedeu que, entrando elas em Belém, toda a cidade se comoveu por causa delas, e diziam: "Não é esta Noemi?"*[5]

---

[3] "Verse by verse: a modern commentary" da Rabina Ruth H. Sohn, um capítulo de *Reading Ruth: contemporary women reclaim a sacred story* (New York: Ballantine Books, 1994) de Judith A. Kates & Gail Twersky Reimer, p. 19.

[4] Ver Mateus 26.48-54.

[5] Rute 1.19b ARC, SBTB.

Uma incursão pouco amigável ao vulnerável recinto da alma

Noemi acabara de deixar a terra do luto, cheia de dor, de perda e de mudança indesejada. Uma vez tomada a decisão, ela deve ter sentido uma sensação crescente de liberdade elevar-se do coração. Ela nunca fizera uma autópsia de seu passado. Uma vez tomada a decisão, era seguir em frente. Noemi deve ter revisto imagens constantes de seu passado, cenas de risos, abraços calorosos e alegria por sua dramática volta ao lar. Essas expectativas aumentavam sua exaltação em querer rever os amigos depois de tantos anos. Mas seus pensamentos melancólicos brotaram em sua face e explodiram no meio da reunião. Mais uma vez, ela entrou em confusão.

Os pensamentos melancólicos brotaram da face de Noemi

Enquanto dava seus últimos passos colina acima na direção de Belém, podemos quase vê-la ir mais rapidamente. Quando pôde enfim rever seus amigos, estava levando consigo todos os seus pensamentos de esperança e exaltação por se reunir novamente aos velhos companheiros do coração.

> ... entrando elas em Belém, toda a cidade se comoveu por causa delas, e diziam: "*Não é esta Noemi?*"
> Porém *ela lhes dizia*: "Não me chameis Noemi; chamai-me Mara; porque grande amargura me tem dado o Todo-Poderoso.
> Cheia parti, porém vazia o SENHOR me fez tornar; porque pois me chamareis Noemi? *O SENHOR testifica contra mim, e o Todo-Poderoso me tem feito mal.*"[6]

Vemos a desintegração de um sonho e a morte da esperança em apenas três sentenças. Nelas, o sonho frágil de Noemi, de presenciar imagens positivas, foi esmagado por uma enxurrada de memórias dolorosas de mais de uma década, de decepções de ponta a ponta.

Com as dolorosas memórias veio uma onda de amargura que partiu o frágil coração de Noemi. E acharam expressão imediata nas palavras de sua dor pessoal. "Não me chameis mais de Noemi-*Doçura*, daí-me o nome de Mara-*Amargura*, pois o Poderoso me amargurou demais". A rabina Ruth H. Sohn capta as emoções do momento nas seguintes palavras:

---

[6] Rute 1.19-21, ARC, SBTB, grifo do texto e do autor.

Onde Noemi esperava achar conforto, seu abrasador senso de perda rasgou-a com mais força frente a suas memórias... "Essa aí não é Noemi?", disseram seus amigos quando a viram. Abraçaram-na com ímpeto entre riso e lágrimas, tocando as linhas de sua face com ternura.

Ela diz: "Na fartura fui embora, e o Senhor me fez voltar de mãos vazias. Não sou a mesma mulher que partiu..."[7]

Noemi não estava só — Deus enviou Sua "cesta-básica de atenções"

Ironicamente, como indica a rabina, Noemi nem se lembrou ou pensou em apresentar Rute.[8] A incrível verdade estava escondida em seu próprio nariz — ela *não estava* só. Na verdade, Deus enviou-lhe Sua "cesta-básica de atenções", na sua jornada de volta.

Durante todo o falatório amargo e a enxurrada de pensamentos negativos, Deus já havia preparado um lugar para Rute na genealogia de Jesus. Em seu momento mais difícil, Rute já carregava a maior semente. Isso é como um farol guiando todos nós de volta para casa, de volta a nossos valores restaurados. Nossos momentos mais baixos carregam em si nosso destino mais elevado!

A vida não vem organizada em unidades já empacotadas e prontas para servir. Escolhas e decisões raramente são claras ou fáceis.

> *Foi assim que Noemi voltou das terras de Moabe, com sua nora Rute, a moabita. Elas chegaram a Belém no início da colheita da cevada.*
>
> *Noemi tinha um parente por parte do marido. Era um homem rico e influente, pertencia ao clã de Elimeleque e chamava-se Boaz [forte].*
>
> *Rute, a moabita, disse a Noemi: "Vou recolher espigas no campo daquele que me permitir".*
>
> *"Vá, minha filha", respondeu-lhe Noemi!*[9]

Note como Noemi fala e Rute questiona. É de professora para estudante. Como Rute era sábia. Ela sabia que o propósito da vida é encontrar o mestre, não a liberdade. A família e os amigos que se reuniram em volta das duas estavam no meio de uma grande celebração, pela segunda colheita consecutiva em um ano, fato que sucedeu a uma década ou duas de impiedosa seca, sem colheitas.

---

[7] Sohn, *Reading Ruth*, p. 21.
[8] Ibid.
[9] Rute 1.22 — 2.2, grifo do autor.

Elas ainda estavam fora da comunidade

Era difícil para duas viúvas entrarem em sintonia com a comunidade, assim, elas ainda estavam fora da comunidade. A comunidade sustenta você na perda e Noemi tinha laços diretos com a vida da cidade. Mas em seus ataques de amargura, ela conseguiu afastar a maioria dos amigos — ao menos por certo tempo.

Não temos certeza disso, mas parece que elas precisaram imediatamente de renda e alimento. Ninguém estava ajudando, o que é incomum em uma comunidade rural arraigada como Belém.

A vida não é uma cadeia de *fast-food* onde tudo o que você quer é servido quente e na hora. É mais como o mundo físico em que vivemos. Coisas boas e ruins parecem fluir para dentro e para fora de nossa vida, como correntes de água atravessando áreas secas. Há tempos em que a generosidade parece chover sobre nós como chuvas de verão. Assim, as pessoas nos amam, ganhamos aumentos e promoções e temos dinheiro na conta. E outros tempos em que entramos em uma estação difícil que parece estiagem quente de verão. Tudo parece mais seco e quebradiço. As disposições se esgotam em casa e no trabalho. Nada funciona, nada está em sintonia.

Esta é a vida na "zona de conflito". Você não tem certeza de nada. Você de algum jeito sente que o bem está vindo até você, que vai chegar, mas essa sensação se mistura às más notícias ou decepções antigas. Esse processo é tão comum que os rabinos têm um termo para ele — *teshuva*. O caminho do *teshuva* [retorno] não é sempre uma clara escalada; há declives e vales. A esperança de Noemi dá lugar ao desespero antes de encontrar alegria com o nascimento de um neto. E assim é conosco: o processo do *teshuva* em geral implica a superação de obstáculos e sentimentos de desesperança, enquanto andamos em direção à vida renovada e à redenção.[10]

Esse é o significado de sair da confusão da vida a todo custo. Há um progresso adiante. Pode não ser rápido, nem estar na direção que planejamos, mas ao menos está nos *afastando* da estagnação e da perda. Se você retorna para casa depois de perder tudo, como aconteceu com Noemi, então seu ponto de referência para vida "normal" inclui grandes porções de ruína e de desesperança. Mas quando você está voltando desse ponto da sua vida, essa *escapada da confusão a qualquer custo parece boa*! Ao menos há sinais de vida e possibilidade de esperança em meio à confusão.

---

[10] Sohn, *Reading Ruth*, p. 19, grifo do autor.

Deus parece mandar surpresas de fontes inesperadas

Já que não podemos controlar o que aparece em nosso caminho, você precisa controlar o número e a qualidade da voz que escuta enquanto tenta seguir sua rota e lidar com a confusão. *O que vocês vêm escutando?*

A vida em geral se recusa a seguir nosso roteiro de idéias e de planos que gostaríamos de ver acontecer, mas Deus parece mandar-nos surpresas, principalmente para aqueles que confiam Nele enquanto viajam.

Noemi pôs sua expedição a caminho de casa com a determinação de colocar em prática o que havia decidido mentalmente. Era como se dissesse a si mesma: "Se eu conseguir achar o caminho de volta, haverá uma entrada".

Em pleno caminho, porém, Noemi teve uma grande decepção. A Bíblia nos diz que tendemos a exteriorizar o que fermenta em nossa mente.[11] O desejo encontra um caminho; a falta de desejo, uma desculpa.

A dor de Noemi era evidente, quase a paralisava. Tinha uma terrível necessidade de intervir para quebrar a obstrução causada pelas más notícias e pela dor em sua vida.

Deus já tinha alimentado sua necessidade na forma da humilde nora moabita. Rute tinha a habilidade de olhar para além das objeções, obstáculos e protocolos da sociedade judaica. Os primeiros momentos de Rute na cidade de Noemi foram passados nas sombras, mas não levou muito para que ela percebesse a importância de achar um meio de empreender uma *ação direta*. Precisavam de comida. E rápido! Aparentemente, enquanto Noemi ainda cuidava dos ferimentos de seu passado, Rute estava abastecendo o futuro delas. Que dom! Todos precisam de uma Rute!

Mas Deus estava nos detalhes...

Quando pediu permissão a Noemi para fazer algo muito perigoso para uma jovem solteira e estrangeira em uma cultura hostil, Noemi resmungou uma resposta em meio à neblina da distração — mas Deus estava nos detalhes.

Noemi tinha um parente por parte do marido. Era um homem rico e influente, pertencia ao clã de Elimeleque e chamava-se Boaz [forte].

---

[11] Em Lucas 6.45, Jesus disse: "O homem bom, tira coisas boas do bom tesouro que está em seu coração, e o homem mau tira coisas más do mal que está em seu coração, porque a sua boca fala do que está cheio o coração".

> *Rute, a moabita, disse a Noemi: "Vou recolher espigas no campo daquele que me permitir".*
> *"Vá, minha filha", respondeu-lhe Noemi.*[12]

Essa é a primeira vez que Noemi a chama de sua "filha". Antes era "nora". A disposição de Rute em seguir-lhe parecia colocá-la em sua linhagem. A relação mudou... Um dos mais importantes valores da cultura pactual de Noemi era o seguinte comando: "Não remova os princípios antigos".[13]

Por isso, quando voltou ao caminho de casa após dez ou 20 anos de ausência, ela já sabia que os limites de sua propriedade estavam intactos.

É possível que Elimeleque tivesse vendido ou arrendado suas terras antes de partir, ou que elas tivessem sido tomadas para saldar os débitos. Mesmo que as terras estivessem livres antes de Noemi vendê-las para pagar as despesas, por alguma razão a colheita tinha começado.

Porém, parece que Noemi e Rute ao menos tinham um lugar para chamar de lar em Belém, embora nenhuma safra nos campos. E a julgar pelo pedido de Rute, sua primeira ordem de serviço — sua necessidade primordial — era juntar grãos como alimento e renda.

O relato bíblico dá uma pista do fato de um rico parente próximo de Noemi viver em Belém na época. Sabemos agora. Mas Rute não tinha nenhuma pista de que Boaz existia e era dono de terras ou que ela iria misteriosamente escolher a terra de Boaz, em vez de qualquer outra. Tudo que ela sabia era que lançara sua sorte. Comprometeu-se a confiar no Deus de Noemi e nos valores de Belém. Era hora de procurar alimento. O amanhã cuida de si mesmo.

E então surge uma palavra antiga do hebraico: *hesed*. A carência e as perdas de Noemi e Rute estavam prestes a encontrar *hesed* — a antiga virtude hebraica da *bondade*. E a primeira bondade demonstrada foi aquela da princesa estrangeira que se recusou a abandonar a sogra que amava.

Olá, *hesed*. Olá, bondade.

---

[12] Rute 2.1, grifo do autor.
[13] Ver Deuteronômio 19.14; 27.17.

Capítulo 7

De volta ao lar, mas em um lugar que você nunca esteve

"Déjà vu *pela primeira vez*"

Você já entrou em um lugar e sentiu que já havia estado lá?

> *Foi assim que Noemi **voltou** das terras de Moabe, com sua nora Rute, a moabita. Elas chegaram a Belém no início da colheita da cevada.*[1]

Como você pode voltar a um lugar aonde nunca esteve? Estou convencido de que todo mundo deseja algo "além" do que vê, escuta ou experimenta. Podemos não explicar com palavras, mas o desejo existe. Uma mente mais aguda do que a minha descreveu isso como "o espaço do tamanho de Deus" existente na alma humana, o qual apenas Deus pode preencher. E outra ainda me disse: "Nossos corações foram feitos para Ele e não descansarão até que repousem Nele".[2]

A palavra retorno se encaixava melhor em Noemi, que já vivera em Belém e agora retornava. *Retorno* também é uma das palavras mais importantes da vida de Rute e pode ser a de *todos* que estejam verdadeiramente buscando a estrada para casa. A palavra retorno aparece pela primeira vez no sexto verso do primeiro capítulo do livro de Rute, mas não pela última vez.

---

[1] Rute 1.22, grifo do autor.
[2] Essas citações foram atribuídas a Blasé Pascal e Augustine de Hippo, respectivamente. A de Pascal, em particular, tem sido usada e citada extensivamente por muitos, incluindo o reverendo Billy Graham e o saudoso Dr. Francis Shaeffer.

Procurando orientação para o caminho de casa

Um homem passou 33 anos longe do lar em uma missão que não podia ser cancelada ou evitada. Ele viveu entre gente de todos os tipos — alguns O amavam, outros O odiavam. Alguns falharam e foram rápidos em admiti-lo enquanto procuravam a estrada para seu lar. Outros estavam tão orgulhosos de seus feitos, que não podiam ou não assumiriam sua necessidade. Achavam que já estavam em casa, embora estivessem perdidos.

Como o Estrangeiro em uma missão. Ele não podia retornar a Seu lar até que a missão se completasse. Compreendeu a saudade do lar como ninguém. Não saiu de casa por causa do tédio ou porque estava com raiva.

Partiu por amor, em uma missão para ajudar o resto de nós a encontrar o caminho de casa. Ele sabia que o povo a Sua volta estava saudoso de um lugar onde nunca estivera — porque Ele esteve naquele lugar. De fato, era a casa Dele! Ele gritara no mais lotado dos *shoppings*, no auge da maior e mais sagrada festa da nação: "Êi! Todos que estão com sede! Venham a Mim, todos os cansados e sobrecarregados. Eu vou deixar vocês descansarem. Sigam-Me!".[3]

Jesus veio nos demonstrar que *é* possível. O caminho *é* conhecido, mas em geral erramos. Está no *Tao* ou no *Zen* (a estrada de casa para a paz interna, de acordo com as religiões orientais). O caminho deles, dizem, está na auto-iluminação e disciplina pessoal. Não, o caminho é uma pessoa.[4]

Secretamente desejamos tocar Deus porque Ele está incorporado ao nosso modo de ser

Por natureza, esperamos que o Paraíso seja real – mesmo quando dizemos a todos que não acreditamos em Deus. Estou convencido de que secretamente desejamos tocar Deus porque Ele já está "incorporado" ao nosso modo de ser. Essa "imagem" ou "semelhança" de algo que não pode ser tocado ou detectado desde os primórdios, quando os primeiros seres humanos desfrutavam dos passeios no jardim do Criador, no frescor do dia.[5] Algo dentro de nós não aceita que possamos ser algo menor do que nosso Criador diz que somos.

---

[3] Ver Mateus 11.28; João 7.37.

[4] "Respondeu Jesus: 'Eu sou o caminho, a verdade, e a vida. Ninguém vem ao Pai, a não ser por mim'" (João 14.6, grifo do autor).

[5] Gênesis 3.6 narra a última caminhada que o primeiro pai e a primeira mãe desfrutaram na companhia do Criador. Assumimos que isso era uma experiência diária para Adão e

Há um caminho, mas custou ao Guia tudo para pavimentá-lo e nos dar a habilidade de "retornar" ao Jardim do Éden — um dos símbolos daquele lugar que nunca vimos antes. Rute estava disposta a arriscar tudo se isso significasse redescobrir o "lar" e as conexões que ela nunca conhecera. Ela era a filha do rei Eglom, cuja aparência física e talvez seu comportamento imoral e hedonista eram famosos pela busca do prazer pessoal. Ela desejava algo — qualquer coisa — além do que já havia testemunhado ou experimentado no reino de Moabe.

Será que a introdução de Rute ao *hesed* (a palavra hebraica que significa bondade carinhosa[6]), sua relação com o esposo falecido e com outros membros da família despertaram nela esse desejo?

O paraíso pode ser visto através da vida infernal da terra

Talvez, através de Noemi, Rute pudesse sentir o perfume sutil da eternidade. A divina bondade carinhosa era tão atraente que certamente cativara o coração de Rute, *apesar* da dor e das distrações que Noemi atravessara por meio das decepções, das amargura e das tristezas de sua vida. Em outras palavras, vislumbres do céu até podem ter surgido de uma experiência infernal na terra.

O marido e os filhos de Noemi ainda eram judeus, independentemente de estarem ou não em pecado, por causa da escolha de Elimeleque em deixar a terra prometida ou em função de seus filhos se casarem com moabitas. Judeus, em sua maior parte, têm mantido a tradição antiga do *hesed*, demonstrando ternura carinhosa pelos "forasteiros", desde suas permanências provisórias como estrangeiros e escravos no Egito.[7]

Eva antes de sua queda sob a sombra da árvore que é "agradável ao paladar... desejável para dela se obter discernimento". Em Gênesis 1.26, a Bíblia diz: "Então disse Deus: 'Façamos o homem à nossa imagem, conforme a nossa semelhança'" (grifo do autor).

[6] *New exhaustive strong's numbers & concordance with expanded greek-hebrew dictionary.* Copyright © 1994, 2003 Biblesoft, Inc. & International Bible Translators, Inc., bondade, OT:2617 *checed* (kheh'-sed); OT:2616; bondade; por implicação (voltada a Deus) de piedade: raramente (por oposição) reprovação, ou beleza: KJV — *hesed*, favor, boa ação, carinhosamente, bondade, misericordioso, misericórdia, piedade, repreensão, coisa má.

[7] Tamar Frankiel, autora de "Ruth and The Messiah", capítulo de Reading Ruth, p. 327: "Sabemos que *chesed* sempre foi considerada uma virtude judaica primordial, e não só por causa de Abraão: os sábios dizem que bondade, misericórdia e modéstia são características de todo o povo judeu. Somos repetidamente lembrados na Torá a termos bondade para com estrangeiros, pois éramos estrangeiros no Egito". (Êxodo 22.20; 23.9; Levítico 19.33; Deuteronômio 24.17,18).

Um estudioso judeu diz: "Qualquer pessoa que não tem família para cuidar dela e alimentá-la — a viúva, o órfão — é foco de nossa preocupação. No livro de Rute, no entanto, é a órfã-viúva-estrangeira Rute quem deixou a família e veio para a nova terra, que é exemplo de bondade".[8]

Às vezes, precisamos de um mapa para retornar às coisas que importam de verdade. A maioria de nós não planeja perder-se.

Se você ao menos soubesse o caminho...

Criamos problemas quando tentamos nos agarrar a várias coisas ao mesmo tempo. Com a nossa vida — trabalho de tempo integral, carreira, ministério, filhos — vêm mais complicações, conflitos de interesse, desafios de tempo, etc. E cada passo para longe daquilo que mais importa requer outro passo na direção da casa a qual queremos voltar. Então, de repente, a empresa decide *"cortar"* funcionários dias antes do Natal, e você está incluído nesses cortes.

Todo dia você volta para casa com o coração vazio? Procure olhar de outra maneira para sua casa, suas contas bancárias, seus carros, móveis e o provável fim de seu casamento. Não há nada de errado em possuirmos bens materiais, mas será que você tem cuidado do que realmente importa na vida?

Talvez seja hora de simplificar e preservar tudo isso. Talvez sua vida em seu lar melhorasse se você trabalhasse menos e reinvestisse seu tempo e energia naquela pessoa maravilhosa que você sempre buscou.

E se não houvesse lar, família, lareira e nenhum vizinho conhecido? E se nesse lugar para onde você voltou as pessoas lhe considerassem um "estrangeiro"? Para Noemi, a jornada para Judá, seu antigo lar, era *uma volta*. Mas, e para Rute? Não era uma aventura em território desconhecido? E assim aprendemos que cada vez que alguém se volta para Deus, essa experiência é um *retorno*, como *voltar para casa*.[9]

Noemi deixou os campos de Moabe e o erro de viver apenas o presente associado à fartura do lugar. Ela tomou uma decisão consciente de retornar aos valores de sua juventude. Rute abandonou a única vida que conheceu — abandonou tudo! Ela literalmente morreu para Moabe, para unir seu coração

---

[8] Ibid. Nota: Rute é chamada de "órfã" aqui, porque é possível que ela e sua irmã tenham abandonado Moabe como órfãs, após o assassinato do pai tirano. Foi então, de acordo com algumas tradições rabínicas, que ambas encontraram e se casaram como os filhos de Noemi.

[9] Sohn, *Reading Ruth*, grifo do autor.

e futuro a Noemi, sua sogra judia. Rute, a moabita, não percebeu, mas tinha dado um passo crucial para se tornar uma heroína *judia*.

> *Noemi tinha um parente por parte do marido. Era um homem rico e influente, pertencia ao clã de Elimelique e chamava-se Boaz [forte].*
> *Rute, a moabita, disse a Noemi: "Vou recolher espigas no campo daquele que me permitir".*
> *"Vá, minha filha", respondeu-lhe Noemi. Então ela foi e começou a recolher espigas atrás dos ceifeiros. Casualmente entrou justo na parte da plantação que pertencia a Boaz, que era do clã de Elimeleque.*[10]

O que possuía essa jovem e bela princesa moabita para se rebaixar ao nível de uma escrava e viúva idosa, que não têm para onde ir a não ser pegar restos reservados aos pobres? E Rute era uma princesa! O que quero ressaltar é que Rute desistiu de seu título real e privilégios para associar-se a uma viúva estrangeira — de uma nação que em geral odiava e olhava de lado para "gente como ela".

Rute foi voluntária e Noemi concordou — porque precisavam comer!

O que não está óbvio é que Rute estava entrando em um território perigoso. Rute se ofereceu e Noemi aprovou porque *elas precisavam comer*!

> *Boaz chegou de Belém e saudou os ceifeiros: "O S*ENHOR *esteja com vocês!"*
> *Eles reponderam: "O S*ENHOR *te abençoe!"*
> *Boaz perguntou ao capataz dos ceifeiros: "A quem pertence aquela moça?"*
> *O capataz respondeu: "É uma moabita que voltou de Moabe com Noemi. Ela me pediu que a deixasse recolher e juntar espigas entre os feixes, após os ceifeiros. Ela chegou cedo e está em pé até agora. Só sentou-se um pouco no abrigo".*[11]

---

[10] Rute 2.1-3, grifo do autor.
[11] Rute 2.4-7, grifo do autor.

De acordo com uma tradição rabínica, o recém-enviuvado Boaz estava retornando ao lar após o enterro da esposa[12]. De qualquer perspectiva, o número de coincidências amplia a possibilidade de "acaso" desse encontro. Ou acreditamos que Rute planejou o encontro com Boaz cuidadosamente ou que Deus orquestrou tudo de acordo com Sua vontade. Dados os eventos históricos que nasceram desse "encontro", eu sei no que acreditar! De algum modo, Rute escolheu o campo certo (de um parente que ela nem sabia existir), recebeu a permissão do capataz, embora fosse uma estrangeira e tivesse sido bem-sucedida em sua "colheita", atrás dos ceifadores, durante todo o dia, a tempo de aparecer no mesmo momento em que o viúvo retornava de Belém. Acasos acontecem, mas essa *não era uma cena de acaso — era um milagre*!

O mesmo Deus que orquestrou tudo na vida de Rute ainda realiza "milagres acidentais" para os que buscam e confiam Nele ao longo de uma crise. Ele ainda trabalha *de dentro do coração para o exterior*! Deus será indiferente a regras, leis e desculpas que excluam os sinceros seguidores de Seu amor e de Sua graça.

A princesa e a promessa

Quanto a Boaz, ele se destacava no momento em que abria sua boca. Mesmo a maneira que cumprimentava seus empregados evidenciava seu poder de liderança.[13] Ele literalmente trocava bênçãos pastorais com sua equipe, o que nos diz muito sobre seu caráter e tipo de liderança.[14]

Sua próxima pergunta foi direta. Alguém chamara sua atenção, alguém que não combinava com a cena. De fato, era alguém que não poderia combinar.

Ele pensou de início que fosse uma serva. Afinal, "catadores de sobras" eram em geral os servos, as viúvas idosas e os estrangeiros. Que proprietário consciente esperaria que uma bela viúva, jovem e estrangeira, "catasse restos" em suas terras?

---

[12] Rabina Arie Strikoovsky, extraído de "Ruth", um artigo *online*. © Pardes Institute of Jewish Studies in Jerusalém. All rights reserved. (grifo meu). Acessado: www.pardess.org.il/online_learning/holidays/ruth.

[13] De acordo com o *Targum*, as palavras que descrevem Boaz como "pessoa muito importante", na realidade querem dizer "uma pessoa poderosa, forte na Torá" (ou na Palavra de Deus). Leonard S. Kravitz & Kerry M. Olitzky, *Ruth: a modern commentary* (Teavive, Israel: URJ Press, 2005), p. 32.

[14] Ibidem. Veja Números 6.24.

A resposta dada lhe diz por quê: *"Quem é esta moça?"*. O empregado, fiscal dos ceifadores, respondeu-lhe: *"Esta é uma moabita que voltou de Moabe com Noemi"*.[15]

O empregado menciona Moabe duas vezes em sua resposta para Boaz, com todos os detalhes importantes sobre a relação dela com Noemi. Assim, fica claro que Rute ganhou o coração do fiscal antes de conquistar o de Boaz.[16] Ele sabia que Rute era da terra amaldiçoada de Moabe, e, por isso, não estava protegida pelas leis existentes para israelitas pobres estrangeiros. Decidiu arriscar-se a conceder a permissão, crendo que Boaz aprovaria:

> *"Ela me pediu que a deixasse recolher e juntar espigas entre os feixes, após os ceifeiros. Ela chegou cedo e está em pé até agora. Só sentou-se um pouco no abrigo".*[17]

A mulher não se encaixava no estereótipo comum

O fiscal não podia evitar dar informações extras sobre Rute, o que em geral não faria. Parece que ele gostara dela e sentira uma forte necessidade de informar ao mestre que aquela mulher não se encaixava no estereótipo da "fêmea" liberada e amoral. Enfatizou a relação dela com Noemi e foi além, comentando a ética de trabalho incomum da jovem. (Sorte é quando a preparação encontra com a oportunidade. *"Quanto mais* trabalho, mais sorte eu tenho!"[18]). Ela permanecera em sua tarefa o dia todo e nem descansara na sombra do abrigo comunitário.[19]

---

[15] Rute 2.5,6, grifo do autor.

[16] Andre LaCocque, trad. K.C. Hanson, *Ruth: a continental commentary* (Minneapolis, MN: Fortress Press, 2004), p. 66.

[17] Rute 2.7, grifo do autor.

[18] Tommy Tenney, *Finding favor with the king: preparing for your moment in his presence* (Minneapolis: Bethany House Publishers, a baker Book House Co. division, 2003) pp. 157, 205. Essa frase foi adaptada de um princípio e "Protocolo do Palácio" similar nesse livro, baseado na vida de Ester, que caiu nas graças do rei e salvou seu povo. "Graça é o que acontece quando o potencial encontra a organização".

[19] Kravitz & Olitzky, *Ruth*, p. 26.

DE VOLTA AO LAR, MAS EM UM LUGAR QUE VOCÊ NUNCA ESTEVE

Sorte é quando a preparação encontra com a oportunidade.
"Quanto mais trabalho, mais sorte eu tenho!".

Para mim, parece que Deus providenciou um advogado e um "conhecido interno" para Rute, no primeiro dia de colheita! Você já encontrou alguém que sabia que não ia gostar, mas mesmo assim não resistiu? Seja lá o que aconteceu — a beleza estonteante de Rute;[20] suas maneiras castas; o fato de, apesar de sua posição de princesa, estar disposta a aprender novas regras e obedecê-las nessa vida nova; ou a informação do fiscal — Boaz mudou o discurso e falou com Rute em pessoa. Sua humildade só a tornava mais princesa ainda... De dentro para fora.

> Disse então Boaz a Rute: "Ouça bem, minha filha, não vá colher noutra lavoura, nem se afaste daqui. Fique com minhas servas. Preste atenção onde os homens estão ceifando, e vá atrás das moças que vão colher. Darei ordem aos rapazes para que não toquem em você. Quando tiver sede, beba da água dos potes que os rapazes encheram".[21]

Boaz não tinha ilusão alguma de que Rute fosse serva, pois agora a tratava por "minha filha". Ele havia claramente assumido a responsabilidade de ser seu protetor e provedor. Era algo extraordinário que exigia muita coragem. Rute ainda era e, Boaz, um líder proeminente que talvez atuasse como juiz veterano no conselho da cidade.

Boaz garimpou a história e reverteu a raiz da maldição

Em uma sentença, Boaz garimpou a história e reverteu uma das mais mortais maldições registradas na Bíblia. Esse incidente foi discutido milhares de vezes em fogueiras de acampamento por todas as gerações de judeus e de moabitas.

---

[20] Mona DeKoven Fishbane, "Ruth: dilemmas of loyalty and connection", contribuição da escritora à *Reading Ruth: contemporary women reclaim a sacred story*, de Judith A. Kates & Gail Twersky Reimer, em notas da p. 301: "Os rabinos sugerem que Rute era tão linda, que os homens ejaculavam quando olhavam para ela".

[21] Rute 2.8,9, grifo do autor.

Os moabitas eram primos distantes dos judeus, mas se recusavam a vender pão e água para os refugiados israelitas que tentavam chegar à terra prometida. Relutantes, desistiram e decidiram ajudar os judeus, mas o ciúme e o medo ocuparam o coração do rei moabita. Ele então contratou um profeta "mercenário" — similar aos feiticeiros — para amaldiçoar Moisés e os judeus. Quando não deu certo, usaram suas mulheres mais belas e seu apelo sensual para seduzirem homens judeus para adorar seus deuses. Foi quando Deus amaldiçoou pessoalmente os moabitas.[22]

Some-se a isso a impiedosa opressão exercida pelo rei Eglom, e surge o ódio étnico amadurecido dirigido aos moabitas. (Eglom era *pai de Rute*). Minutos após conhecer a princesa moabita Rute, Boaz disse a ela para não sair de seu campo e para beber água onde os homens matavam sua sede. Este é o reverso do pecado original de Moabe contra Moisés e os israelitas. Ele basicamente dizia que "independentemente de seus ancestrais terem negado pão e água aos meus, eu vou saciar a tua sede". Que exemplo de perdão!

Também parece que a linguagem que Boaz usou enviou claros sinais a seus empregados: "Esta mulher está sob minha proteção... E não está disponível, então nem pensem nisso!".[23] De algum modo, Rute sentiu um profundo senso de pertencimento, voltando para o lar em que nunca esteve. Estava começando a sentir uma conexão verdadeira com seu inesperado benfeitor. Essa não é minha opinião apenas. Aqui, a opinião de outro estudioso:

> Rute ouve essas palavras (*de Boaz*) como um "conforto", como palavras ditas para "o coração" dela, não apenas uma aceitação social ou a certeza de uma refeição. Em vez disso, ela experimenta um profundo senso de fazer parte, de voltar para casa.[24]

É impressionante, não é? Como se volta "para o lar" em um lugar em que você jamais esteve? É como o "primeiro" *déjà vu*! Voltar para casa não é só voltar ao lugar, é voltar a um lugar. O pródigo não disse "estou retornando

---

[22] "Foi só quando 'Israel... e o povo começou a prostituir-se com as filhas de Moabe' (Números 25.1), e contrataram Balaão para amaldiçoá-la, que os moabitas foram excluídos da congregação até a décima geração (Deuteronômio 23.3,4)". (Extraído do *Dicionário bíblico Fausset*, Electronic Database Copyright © 2000, 2003 pela Biblesoft, Inc.).

[23] Kravitz & Olitzky, *Ruth*, p. 28.

[24] Frankiel, *Reading Ruth*, p. 329.

para a *casa de meu pai*". Ele disse "Vou para meu *pai*". Rute sentiu-se em casa quando se viu "fazendo parte". Boaz a chamara de filha também!

A fórmula é um supremo ato de amor

Você não gostaria de ter uma fórmula para desfazer todos os erros, maldições e falhas de sua longa linhagem familiar (às vezes, pervertida)? A boa notícia é que não se trata de uma fórmula; é tudo um supremo ato de amor do nosso Criador.[25] Você também pode voltar para seu lar em um lugar que nunca esteve e ser envolvido pelo conforto e pela segurança, mas precisa envolver-se com algo: os valores de sua nova "casa".

Para ser abençoada por Belém, Rute teve de abraçar sua cultura (mesmo parecendo estranha no início). É nesse ponto, no começo da história miraculosa de Rute, que ela se torna a pessoa que "retornou". A viúva moabita que abandonara tudo em nome de um pacto de relacionamento, adotando a família da mãe adotiva, a terra natal e o Deus dela, ousando voltar para o lar em que jamais estivera. A onda estava mudando. Nas palavras de Tamar Frankiel:

> "Embora seja uma moabita de nascença, agora é tratada como alguém que 'retornou', alguém que pertence à terra e está sob a restrição de não partir...
> A Rute que retornou está aceitando o prêmio que a terra tem para lhe dar: não apenas sustento físico, mas renovação espiritual e a volta ao lar."[26]

Até aqui, essa é uma história agradável. Mas histórias não dizem muito a não ser que se relacionem a algo em *nossa* situação. Você ainda procura por algo ou por um lugar que seja mais "amplo" e maior do que você? Ainda se debate à procura do caminho de "casa", em um lugar em que você nunca esteve? Vivenciar um *déjà vu* pela primeira vez só é possível se tal lugar ou estado existe realmente. E ele existe! Quanto mais perto você se aproxima do lar que sempre desejou, talvez o lugar onde você nunca esteve, mais você redescobre os "valores reais", ou o lar que você sempre desejou.

---

[25] É preciso mais do que uma fórmula para reverter a maldição da morte e a da punição sobre nós — é preciso um Salvador. Jesus foi até a raiz de nossa amarga contenda com Deus no jardim, e, então, reverteu essa maldição aceitando toda a culpa e a punição para Si mesmo (que não conhecia o pecado).

[26] Frankiel, *Reading Ruth*, pp. 328-29.

Capítulo 8

Encontrar o caminho do que realmente importa

O que realmente tem valor?

Amo relógios de pulso. Acho que se tenho uma fraqueza material, é minha paixão por belos relógios. Não relógio de quartzo, mas relógios "mecânicos, automáticos, suíços, com dia, mês e ano e de metal precioso". Não sei como começou, mas faz mais de 30 anos. Alguns amam carros, outros preferem varas de pescar ou armas. Comigo são os relógios. Resumindo, sou fascinado por eles. Há uma marca que sempre desejei, mas achava que não podia comprar: um Patek Philippe. Essa marca é muito cara, o preço chega a ser astronômico. E por uma simples razão: um Patek Philippe é considerado a *expressão mais moderna* da arte da relojoaria.

Quando penso em ter um Patek, penso em seguida em quantas viagens missionárias seriam patrocinadas com o valor do relógio, em quantos estudantes receberiam bolsas de estudo em nossa escola bíblica e daí por diante. E sempre digo para mim mesmo: "Quem sabe alguém não me dá um de presente!". Um dia, aconteceu!

Minha esposa e eu estávamos passeando por uma feira de arte, em uma rara tarde de folga, tentando passarmos despercebidos, quando alguém me reconheceu. Fiquei um pouco inibido com o tratamento de celebridade, mas enquanto conversava, notei um Patek Philippe no pulso de uma das pessoas e comentei: "Que belo relógio!". Para minha surpresa, ele tirou o relógio na hora e entre lágrimas, me disse: "É seu!". Protestei, pois sabia o valor daquela peça. Ele ainda insistiu, falando o quanto meus livros haviam transformado a vida dele.

Enquanto fazia um lanche, tirei o relógio contemplando-o com uma observação: "Imagine o valor disto!?". Minha esposa então sugeriu uma consulta a joalheiros, para que pudéssemos fazer um seguro para a jóia. Entrei empolgadíssimo em uma das lojas mais finas da cidade e fui até o expositor onde estava a linha Patek. Quando a vendedora perguntou se podia ajudar, mostrei meu Patek com orgulho e falei que gostaria de saber quanto valia. Ela pegou meu relógio, examinou-o de ambos os lados e disse: "Senhor, sinto muito. Mas esse relógio é uma falsificação...". Meu rosto enrubesceu. Naquela hora, toda a minha empolgação se desvaneceu, a alegria evaporara e em seu lugar, nada mais do que o embaraço. Mais tarde, minha mulher e eu nos divertimos com o fato de eu ter ficado tão empolgado com algo tão falso!

Às vezes, podemos passar muito tempo valorizando algo e descobrir depois que não valia nosso apreço. Outros até são enganados por falsos valores. Creio que a pessoa que me deu o relógio achava que ele era valioso. (Ao menos, estou dando o benefício da dúvida a ele!). Se um fogo atingisse minha casa e eu tivesse que salvar coisas de valor, ele não estaria entre elas. E bem ao lado desse Patek falso, está um Timex tão velho que funciona mal, ao lado do velho Hamilton, que já não funciona *mesmo*.

Esses relógios pertenceram a meus dois avós. Sendo o maníaco por relógios da família, eu os herdei. São eles os relógios que *realmente* são valiosos para mim. Por quê? Por causa da herança e de sua história, não pelo ouro ou pela mecânica.

Redescobrir o valor real

O que fez Noemi querer retornar a Belém? A propriedade era mais barata? Por que Rute acabou parando no campo de Boaz e recebendo palavras de elogio? O que ela queria dele? As várias crises por que Noemi passou forçaram-na a realinhar seus valores. Não é sempre assim? Ela sabia que sua vida estava fora de rota. Ela partiu para redescobrir os verdadeiros valores de sua vida, mesmo que isso significasse se libertar de tudo que fizera parte de sua história.

Noemi partiu também para reconectar-se com suas *valiosas relações* e o estilo de *vida comunitária* que compartilhava antes. Mas tão logo descobriu no primeiro encontro com os amigos, ela não precisava realmente dos "tempos de antigamente" e nem era *isso* que estava procurando. Em verdade, ela ansiava pelos velhos valores — os que se ancoram na verdade. Esses são os valores básicos que se mantêm válidos por gerações, eras e civilizações.

Talvez ela não tenha reparado em Deus trabalhando em sua crise mais difícil, mas Noemi estava à beira de descobrir um importante princípio do Reino de Deus: *a sua re-conexão[1] pode criar uma conexão para alguém mais.*

Na Antigüidade, quando Belém sofria sob a opressão moabita, uma mulher moabita como Rute podia não estar segura em suas ruas. De acordo com os velhos costumes, estrangeiros tinham alguns direitos e proteção sob a lei de Moisés. Mas Rute, a moabita, seria rotulada de vez como intrusa, e seus privilégios básicos retirados para o resto da vida. "Nada pessoal, Rute, mas você é moabita. É assim que as coisas são".

Através da sabedoria do livro de Rute, Deus parecia revelar um leque de valores mais elevados, onde criava um jeito de deixar as pessoas penetrarem no segredo do pacto comunitário e dos valores partilhados. Como podia uma moabita conectar-se com a linhagem messiânica? Mas para isso acontecer, não apenas Deus teve de adotar Rute, mas também Rute precisou adotar Deus *com todas as subseqüentes mudanças de valores.*

Quando você cruza a fronteira de um país para outro, em geral você tem que trocar a moeda, pois a anterior não tem valor no outro país. Rute enfrentou mudanças importantes. Coisas que eram supervalorizadas em Moabe condenariam-na a ser apedrejada em Belém.

A vida em si se torna mais valiosa, a opinião da família tem importância, ninguém se alegra com suas derrotas, só ajuda na restauração. Os poderosos cuidam dos pobres! Você está pronta para a mudança?

Veja o que Rute ganhou por "mudar", não apenas em termos geográficos, mas literalmente, com sua aliança. A história a tem em altíssima conta como a tataravó de Davi. Cristo nasceu de sua linhagem e suas palavras sábias a Noemi no momento da decisão são usadas em conversões e pactos até hoje.

E se eu lhe prometesse um futuro melhor e a chance de ficar na história, pedindo em troca apenas que você mudasse sua cidadania?

Mas é mais do que isso. O impacto acontece não porque alguém se muda de Nova York para a Fórida. Mas porque muda algo dentro de si! Rute não se sentia mais leal à sua família — incluindo o pai Eglom. Ela viu as falhas dele e empreendeu uma mudança interna antes mesmo de chegar ao solo judeu.

---

[1] Se você acha que não deveria haver hífen em reconexão, parabéns, você está certo. Por favor, perdoem-me a quebra da ética da pontuação — estou determinado a enfatizar esse ponto crucial!

Está explícito em suas palavras: "Teu Deus será o meu Deus!".[2] Em outras palavras: "Desisto dos decretos, ordens e valores que respeitava no passado! Rejeito Moabe e tudo que representa. Dou mais valor a seu Deus e Sua solicitação do que ao meu". Essa foi uma mudança interna que provocou uma "mudança de apetite".

Escute como Rute iniciou sua jornada:

> *Disse, porém, Rute: "Não me instes para que te deixes e me obrigues a não seguir-te; porque, aonde quer que fores, irei eu e, onde quer que pousares, ali pousarei eu; e teu povo é o meu povo, o teu Deus é o meu Deus.*
>
> *Onde quer que morreres, morrerei eu e aí serei sepultada; faça-me o* SENHOR *o que bem lhe aprouver, se outra cousa que não seja a morte me separar de ti."*[3]

Rute familiarizou-se com quem Noemi realmente era. Rute conectou-se de uma maneira inédita. Rute mudou de valores. Tudo o que nós todos desejamos no fundo de nossa alma é retornar aos bons valores.

Espalhadas pelo planeta, as estilosas cafeterias Starbucks tornaram-se as "praças da cidade" do século 21, onde pessoas de todo o globo se encontram e se misturam. Embora muitos se reúnam no mesmo lugar, querendo se conectar, alguns nunca se falam, embora estejam a uma mesa de distância do outro.

Por incrível que pareça, eles em geral se comunicam via mensagens eletrônicas instantâneas, como *MSN* ou *Skype*, com *outras pessoas em cidades distantes*, sentadas elas também em outras cafeterias da rede. O desejo da alma humana é o de se comunicar com os outros.

Imagine que você e eu vivemos no que os *amish*[4] chamam de "*playground do diabo*" ou "o mundo inglês externo". Entre eles, porém, os adolescentes,

---

[2] Rute 1.16b.

[3] Rute 1.16,17 ARA.

[4] Os *amish* são uma comunidade religiosa cujas raízes remontam à Reforma Protestante na Europa, no início dos anos 1500, quando um jovem padre católico da Holanda, chamado Menno Simons (1496-1561), juntou-se ao Movimento Anabatista ("re-batizadores", do grego "ana" e "batizo", cristãos da chamada "ala radical") — que advogava a salvação pela fé e pelo batismo na idade adulta, em vez do batismo na infância. Os grupos de idéias afins, unidos sob sua forte liderança, foram mais tarde chamados de "menonitas". Esse grupo praticava "a proibição" (ou excomungação, anátema etc.)" ou "exclusão", baseada no comando

na faixa dos 16 anos, recebem permissão para se conectarem com o nosso mundo proibido de tentações, como uma espécie de "iniciação". Os *amish* chamam esse rito de passagem pelo nome holandês utilizado na Pensilvânia, de *rumschpringe*, ou literalmente, "correndo em voltas", palavra que em inglês significa *"enganação"*.

A intenção por trás desse relaxamento das leis dos *amish* é para que os jovens possam fazer uma escolha para toda a vida e, conforme o que decidirem, entrar de vez na vida comunitária deles. A idéia é a de que antes de tomarem essa decisão, eles tenham a liberdade de explorar a vida como ela é *lá fora* de sua comunidade isolada.

Você deve tirar férias de seus valores?

Só que uma nova onda de problemas está atingindo os *amish* atualmente. Essas "férias de valores" estão se tornando muito arriscadas. O adolescente *amish* mediano entra no mundo do século 20 com as armadilhas culturais do século 18 e a colisão de culturas e valores (ou a sua falta) se torna mortal. Talvez por causa das tentações — álcool, promiscuidade sexual e a exposição às novas drogas voláteis, como "*crack*" ou "metanfetamina" —, eles acabam se viciando e cometendo excessos.

A paisagem serena da amigável comunidade *amish* de Lancaster, Pensilvânia, virou de ponta-cabeça em 1998, quando dois de seus jovens enfrentaram acusações que poderiam tê-los levado à cadeia por 40 anos. Os dois foram presos negociando cocaína para "baladas" jovens, promovendo a "iniciação" de adolescentes em encontros informais nos celeiros ou nas casas de *amishs* mais velhos já "iniciados". (São férias de valores que não deram muito certo).

Os dois acabaram colaborando com os oficiais federais, arrependeram-se e voltaram para a comunidade. Durante a sentença, um dos rapazes disse: "Vi-

---

do Antigo Testamento de não se associarem a um membro da igreja impenitente (que não se arrepende), envolvido em uma conduta pecaminosa. Seguidores de Joseph Amman achavam que o indivíduo impenitente deveria ser completamente excluído e evitado, em vez de meramente privado da comunhão. O grupo rompeu com os menonitas em 1693 e foram mais tarde chamados *amish*. Ambos os grupos aceitaram a oferta de liberdade religiosa oferecida por William Penn, como parte de sua "experiência sagrada" de tolerância religiosa e estabelecida nas terras que mais tarde se tornariam Pensilvânia e Ohio.

vemos uma vida terrível durante um tempo. Queremos tentar ser melhores".[5] Um repórter do jornal *New York Times* escreveu em sua matéria: "Em muitos casos, eles (os *amish*) foram o símbolo de tudo o que os EUA amam: valores familiares fortes, responsabilidade e a profunda fé em Deus".[6]

Nós realmente amamos essas qualidades das comunidades *amish* e menonitas — talvez porque perdemos esses valores em nossas vidas. Encontrá-los hoje preservados tornou-se uma atração turística. Mais de 5 milhões de turistas viajam para Lancaster, para ver, por meio do turismo, os valores em ação dessas comunidades e cidades com nomes tão estranhos quanto "Pássaro na Mão" ou "Paraíso".[7]

O que acontece se você tem uma casa em "terra *amish*"? Seus vizinhos por certo o ajudarão. E se você precisar de comida? Seus vizinhos repartirão o que têm com você. Alojamento? Os vizinhos poderão lhe abrigar por uma ou duas noites. Conforto? Os vizinhos varrerão o chão com você ou permanecerão acordados a noite toda, ao seu lado. O que acontece se *seu* celeiro pegar fogo? Os vizinhos virão bem cedo com o material e o pessoal necessário para construir um novo celeiro, em apenas um dia.

Lá você tem a certeza de que será ajudado. Qual é a origem desses valores?

Milhões de americanos estressados com famílias em desintegração anseiam ardentemente pela simplicidade da vida nas comunidades *amish* e da Velha Ordem dos Menonitas. Ao mesmo tempo, acham virtualmente impossível desistir das conveniências modernas e das liberdades da vida *high-tech* no "*playground* do diabo".

Hora de escolher

Essa luta atinge seu máximo entre a juventude *amish*, que saboreia as tentações contemporâneas e afrouxa seus valores, para, então, contemplar uma vida de compromissos com os valores da comunidade, honrados por seus pais.

[5] Joann Loviglio, "Homens *amish* condenados por envolvimento com drogas", Associated Press, 30 de Junho de 1999.

[6] Michael Janofsky, "Os *amish* enfrentam o vício moderno em caso de drogas", *The New York Times*, 3 de Julho de 1998".

[7] Dados atualizados de turismo: cortesia de 'Pennsylvania Dutch Country Visitor Center', no site da internet: HTTP://www.800padutch.com/reasons.shtml. O autor fez pesquisas *online* para este livro, e pela sua contraparte ficcional, também se baseou no livro de Rute.

Um documentário chamado *O playground do diabo* enfocava essa luta contra as tentações e a necessidade de escolher. Os produtores focalizaram Faron Yoder, adolescente *amish* que disse ter se sentido chamado ao ministério, como seu pai — por ironia, enquanto lutava contra o vício debilitante do "*crack*". Outra jovem *amish* descreve para a equipe do filme como se sentia dividida entre as tentações do mundo e os valores de seus pais: "Deus fala comigo em um ouvido; Satã, no outro. Parte de mim quer ser como meus pais, mas a outra quer o *jeans*, o corte de cabelo, fazer o que eu quiser".[8]

De 85% a 90% desses jovens, afinal, voltaram para suas famílias e comunidades unidas, em dois a quatro anos após a "iniciação" do *rumschpringe*. Os que voltaram, escolheram abraçar a comunidade em vez da vida "lá fora", sem os valores e o estilo diferenciado de vida que os *amish* nutrem desde 1693.

Não é meu propósito glorificar o estilo de vida *amish* ou as virtudes de uma vida de extrema separação do mundo externo, embora respeite muito seu compromisso com uma vida sagrada. Só que o pano de fundo desse apego extremo a valores tradicionais, ao lado de enfeites comuns, pintam um quadro digno de ser observado mais de perto. Acredito em um amanhã brilhante dirigido por uma geração que valoriza a vida, Deus e o próximo. Os únicos limites para a realização de um amanhã brilhante são nossas dúvidas de hoje!

Por que alguns escolhem preservar os valores?

Minha convicção pessoal é a de que os *valores* que amamos e honramos são maiores e melhores do que qualquer enfeite externo e passageiro possa produzir. Isso poderia incluir coisas como preferências por roupas, estilo de vida e associações passageiras com pessoas que não compartilham desses gostos. Muitas vezes, como acontece com os *amish*, o ímpeto de preservar valores cria problemas. Legalismo!

Enquanto muitos abraçam valores da vida como ternura, hospitalidade, *ad infinitum*, aliás, valores esses que os *amish* também cultivam, essas pessoas, porém, não querem viver sem carros ou eletricidade (sem falar em moda). Pensar que você precisa ter os ornamentos da tradição para aprisionar valores é

---

[8] Lucy Walker: "The Devil's playground", 21C magazine, 2002. Lucy Walker escreveu esse artigo a respeito de seu filme de mesmo nome, onde descreve seu longo documentário e seu esforço entre a juventude *amish* de Ohio. Nota: Mulheres *amish* não têm permissão para cortar os cabelos ou usar roupas no estilo "inglês", por isso ser considerado "pura vaidade".

legalismo. Amo os valores, mas desprezo a definição legalista que costumamos dar a eles.

A pergunta-chave para quem estiver avaliando os valores da história poderia ser: "Como posso aprender com os antigos valores sem viver sob o velho legalismo?". Talvez isso nos ajude a compreender que o legalismo, visto em muitas sociedades centradas na fé dos valores (como a bíblica sociedade israelita da época de Moisés), é meramente um "cofre", usado apenas para preservar esses ricos valores. Por que veneramos "o cofre" como tesouro, quando sabemos que devemos buscar o tesouro que ele contém, a fim de revelar ao mundo sua beleza interna? Nós nos tornamos adoradores do "cofre" em vez de adorarmos o seu conteúdo.

Algo em nós anseia por tempos mais simples, com menos distrações e complicações. Infelizmente, a vida é complicada não importa quem você seja. É na hora da crise — nos momentos de necessidades imediatas e perda devastadora — que os "valores" importam mais.

Parece que Rute aprendeu bastante com sua sogra, mas deve ter trazido alguns de seus valores pessoais também.

> *Boaz respondeu: "Contaram-me tudo o que você tem feito por sua sogra depois que você perdeu o seu marido: como deixou seu pai, sua mãe e sua terra natal para viver com um povo que você não conhecia bem".*[9]

O tratamento amoroso que Rute dispensava à sogra e à memória de seu falecido marido tornou-se o primeiro depósito em sua "conta corrente" com Boaz e toda a comunidade hebraica de Belém.

Seu carinho bondoso, o *hesed*, criou as pontes que ampliariam as regras rígidas da Lei judaica e o coração de Deus na direção dos que O procuram, partilham e demonstram Seus valores eternos.

Poderia o inimaginável acontecer? Ela seria aceita pela comunidade de Belém? Apenas se um cidadão idôneo se responsabilizasse por ela.

Não importa como chamamos a saudade — podemos achar que a dor no coração tem a ver com o lar ou com o fato de fazer parte dele, mas a raiz da questão está mesmo na nossa ânsia em retornar à relação íntima que um dia tivemos

---

[9] Rute 2.11, grifo do autor.

com Deus. Rabinos modernos claramente compreendem a virtude do pacto do compromisso de Rute em relação à sua sogra, e, depois, em relação a Boaz. Na raiz de tudo estava uma ânsia profunda de conectar-se com o Criador. E a única trilha disponível para encontrá-Lo era através de Noemi e, mais tarde, através da comunidade de Belém e da Torá judaica. Um rabino de Jerusalém destaca o sacrifício óbvio de Rute e focaliza seu desejo de "ligação emocional":

> Rute era uma princesa moabita, de acordo com a tradição. Estava acostumada com as melhores coisas da vida. E também era uma linda mulher no vigor da vida. O passo que estava dando a levaria a uma vida de pobreza; sua sogra perdera tudo que possuía em infortúnios e estava retornando a seu lar de mãos vazias. Indo com Noemi, Rute estava deixando uma vida de alto status para tornar-se uma humilde convertida de *status* questionável. Não está nem claro se um judeu teria permissão para desposá-la...
>
> Rute estava despedaçada. Mas o que ela queria era a proximidade de Deus, uma ligação... Decidiu ir com Noemi para unir-se ao povo judeu, não importa como... Noemi entendeu Rute e viu que ela estava em busca de uma ligação com Deus. Ela havia absorvido a verdadeira mensagem do judaísmo.[10]

"Me lembra de como ele é... eu quase já 'se' esqueci"

Um de meus melhores amigos, um pastor chamado Jentzen Franklin, conta a história de um casal que esperava o nascimento de outro bebê. Enquanto tentavam explicar isso para a filha de 4 anos, de maneira que ela entendesse, ela falou sem pensar, à moda de toda criança: "De onde vêm os bebês?". Pego de surpresa e desesperado por dar uma resposta, ele disse: "Bem, bebês vêm de Deus, lá do céu". Pouco depois que o bebê nasceu, sua filha mais velha passou por aquele período de ciúmes do novo irmão. Afinal, ela pediu: "Mamãe e papai... tenho que falar com ele sozinha". No início, hesitaram, mas logo permitiram e, discretos, espreitaram tudo. Com a porta entreaberta, aguardaram

---

[10] "*The Book of Ruth: a mistery unraveled*", Rabino Noson Weisz, aish.com, One Western Wall Plaza, POB 14149, Old City, Jerusalém 91141, Israel. Acessado via Internet: http://www.aish.com/holidays/shavuot/The_Book_of_Ruth_A Mistery_Unraveled_p.asp em 21/10/06.

em silêncio. A menina foi até o berço do irmão e falou séria: "*Eu sei que você vem de Deus lá do céu... Será que você pode me lembrar de como ele é? Eu quase que já 'se' esqueci*".

Que imagem essa a de voltar para um "lugar que você nunca esteve!".

Vários pensadores e escritores, tentando descrever o intangível, criaram frases e idéias que se resumem em uma única: "Há um espaço do tamanho de Deus em todos nós".[11] Falta um pedaço do quebra-cabeça e só Ele pode completá-lo. Quando falta uma peça, a imagem fica incompleta.

O profundo sentido de conectar-se, retornar e se reunir ao nosso Criador é inerente a todos. São sinais confirmando sua existência e influência perene do Único que todos nós buscamos, nos guiando de volta a Ele, que é, em Si, a Resposta eterna.

Separando o que é urgente do que é importante

Às vezes, o único jeito de sair do "estado de caos" e voltar "para casa" é rever fases da vida, aprendendo com os passos dados ao longo da jornada, identificando o que foi urgente e o que foi realmente importante.

Na minha infância, muitas vezes fui ao Lago dos Ozarks, no Missouri, com família e amigos. Ainda fecho os olhos e posso ver minha família, os parentes e os amigos reunidos, desfrutando um da companhia do outro. A criançada correndo em todas as direções, as risadas ecoando enquanto memórias iam sendo criadas. Essas imagens, perfumes, sons e emoções literalmente foram entalhadas na minha memória.

Quando me casei, contei à minha mulher sobre "o local mais maravilhoso" que visitei na infância. Finalmente, convenci-a de que nós também teríamos momentos maravilhosos lá. Para encurtar a história, viajamos na nossa lua-de-mel, mas chegando lá, tivemos uma imensa decepção! Tudo o que encon-

---

[11] O matemático Francês Blaise Pascal (1623-1662) pode ter sido o mais antigo escritor a ter o crédito dessa citação (Pensees 6.425), mas jamais escreveu algo especificamente descrevendo "espaço imenso com a forma de Deus". Depois veio o existencialista francês Jean-Paul Sartre, que escreveu: "... Nosso dilema existencial deixaria a uma humanidade consciente de um 'espaço imenso no formato de Deus'". Mas não se referia à necessidade de nossa salvação em Cristo — sua biografia como Prêmio Nobel da Paz diz que sua posição filosófica oficial de ateu foi aceita como verdadeira. Parece que oradores e escritores evangélicos modernos refinaram a frase para descrever a necessidade humana de Deus e Cristo como o único Salvador que preenche essa necessidade.

tramos foi um motel em ruínas. Havia poucas atrações e nada para fazer... *por quilômetros*! O que deu errado? Percebi que o local não tinha nada a ver, em absoluto, com o que o tornara especial um dia. A qualidade "especial" eram as relações de carinho, a camaradagem e as pessoas.

As pessoas não estavam mais lá! "Não havia espírito de comunidade".

O tesouro não está na geografia, está nas conexões

A maravilhosa lembrança de minha infância perdeu seu apelo original quando tentei voltar e recriá-la. A alegria e a riqueza não estavam na geografia — estavam na conexão. Eram os relacionamentos que eu procurava. Era deles que sentia falta. Mesmo após repassar meus movimentos pela memória, ainda me sentia desligado porque as *pessoas* não estavam lá.

A Belém do livro de Rute não é meramente um local geográfico. Ela representa o ponto de conexão, a encruzilhada, a cidade natal do Messias, o portal e *matrix* espiritual entre vida humana e o Plano Eterno de Deus para o homem. Talvez seja por isso que o profeta *Miquéias* indicou a humilde Belém como berço do Messias, talvez por isso os três magos ou sábios do Oriente acreditaram na predição e seguiram uma estrela até Belém, mais de 700 anos depois, em busca do Rei dos judeus que nasceria ali.[12] Talvez seja por isso que Herodes está sempre tentando matar os bebês de Belém.[13] Até Maria e José tiveram de pegar a estrada de casa para Belém, já que Herodes e seu filho morreram.[14] Mesmo Davi ansiava por beber água das nascentes de Belém.[15]

---

[12] Ver Miquéias 5.2; Mateus 2.1-6. Miquéias fez uma profecia no meio da ocupação assíria de Judá, predizendo o nascimento do predestinado em Belém. Isso aconteceu entre 722 e 701 A.C., de acordo com o *Eerdmans' hanbook to the Bible*, de David & Pat Alexander, Eds. (Grand Rapids: William B. Eerdmans Publishing Co. 1973), "Micah", pp. 449-50.

[13] Ver Jeremias 31.15; Mateus 2.18.

[14] Ver Mateus 2.19-21. É interessante notar o que acontece com aqueles que matam inocentes ou apóiam tais atos. O versículo 20 inclui a frase "porque já morreram". Adam Clarke nota que "Antipas (Antipater) aparentemente era o sucessor natural do pai Herodes ao trono, sendo que limpara seu caminho até ele, obtendo a morte de seus dois irmãos mais velhos; provavelmente isso é aludido aqui, sem dúvida seguindo o legado do pai. 'Porque já *morreram*' — Herodes Antipas foi condenado à morte por ordem do próprio pai. Ver Flávio Josefo, historiador judeu e militar (37-100), que participou de revolta contra Roma. Antiq. 16.11; 17.9". (Do Comentário de Adam Clarke, Electronic Database (Copyright © 1996, 2003 Biblesoft, Inc. *All rights reserved*).

[15] Ver 1Crônicas 11.16-18.

* * *

O que havia de tão especial em Belém? O que atraiu Noemi de volta só em ouvir que a fome terminara? Tudo vai desembocar em Deus e no que Ele valoriza! Toda casa tem suas regras. Em algumas delas, tiramos o sapato ao entrar. Em outras, há outros costumes bem particulares. Esses costumes preservam valores. No lar de fé onde o Deus Jeová é Pai, existem regras. Os Dez Mandamentos, na verdade, são declarações daquilo que nosso Pai valoriza. Honestidade, respeito, perdão, pureza, mãos limpas (não matarás). São as leis de nosso lar que criam comunidade e clima para vivermos com as pessoas e tolerarmos uns aos outros.

Ansiamos por esse lugar onde o amor incondicional nos faz sentir valorizados e únicos. Somos ansiosos por um senso permanente de pertencer a algo em um mundo inconstante. Temos fome de significado, algo por que valha a pena nos inflamarmos. Na verdade, é um *trailer* da eternidade, pois esse é nosso real destino e lar. Estamos aguardando "Belém" e seus valores. Às vezes, nossos filhos e netos têm que recavar os poços antigos de nossos valores, buscando-os bem fundo em nossas memórias, para assim descobrir por que elas têm importância. Assim eles "redescobrem a memória através de nós".

E vemos isso acontecer com Noemi e Rute. Vemos Rute "redescobrindo" valores através de Noemi, que sabia estarem lá, por instinto. Mas que ela nunca conhecera pessoalmente. E Noemi começou a redescobrir seus valores básicos através de Rute, ao ver sua nora despertando sob o poder dos princípios do Reino de Deus e de sua própria e pia influência. Para Noemi era a volta. Mas para Rute, filha de Eglom de Moabe, era a jornada a um lugar de valor.

A mortalidade força muitos a tomarem decisões difíceis

Milhões de pessoas tropeçam na fase da meia-idade, apesar dos esforços para evitar, atrasar ou negá-la. A consciência da mortalidade força muitos a meditarem e tomarem decisões difíceis sobre "o que serão quando crescerem", pois o envelhecimento físico já está em andamento. A hora é de se emparelhar a alma com o corpo, antes que seja tarde. Você só pode descobrir quem é "crescendo" interiormente. É perigoso crescer por fora antes de crescer por dentro.

Como se nossa confusão e ânsia por retornar ao lar não fosse suficiente, há nossos filhos parecendo querer voltar ao mesmo lugar de onde nós e nossos pais viemos. Querem entender por que acreditamos e vivemos de tal maneira — e por que não fizemos *melhor*. De fato, estamos vendo *mais* do que só um retorno aos valores. Estamos *redefinindo-os*.

Valores reversos e manchados pela dor da circunstância

> *Ela, porém, respondia: "Não me chameis mais de Noemi-Doçura, daí-me o nome de Mara-Amargura, pois o Poderoso me amargurou demais.*
> *Na fartura fui embora, e o SENHOR me fez voltar de mãos vazias.*
> *Porque me chamais de Noemi-Doçura se o SENHOR me humilhou, se o Poderoso me fez sofrer?"*[16]

Noemi estava certa ao dizer que se sentia "cheia" quando deixou Belém e "vazia" quando partiu de Moabe. É óbvio que ela não se referia a seu estômago. Ela saiu de Belém faminta e com o estômago vazio — mas saía de Moabe bem alimentada, mas sentindo-se vazia! Decidiu que *"cheio"* significava *família*. Mas ela estava errada quando disse que Deus a humilhara e a fizera sofrer.

Foi a *compaixão* de Deus que a colocou na estrada para o lar com uma "filha de pacto" ao lado. E foi a graça Dele que restaurou Noemi para seus verdadeiros valores, uma vez mais.

Deus não fora o autor das perdas e decepções de Noemi em Moabe — tudo veio de decisões humanas baseadas em valores terrenos. Mas Deus foi o autor do plano divino para elevar Noemi e Rute, a moabita, ao nível de matriarca de Israel.

A verdadeira riqueza tem pouco a ver com bens financeiros; mas a real pobreza de espírito em geral inclui confusões e percepções erradas sobre a aquisição do *amor* pelo dinheiro. Sabemos como é real a frase "já vivi com dinheiro e sem dinheiro — e é muito mais agradável viver com dinheiro". Mas se aprendemos algo nessa vida, é que a falta de nutrição espiritual para a alma cancela quaisquer riquezas terrenas que tenhamos obtido. Se eu perco tudo e mantenho a relação com Deus, eu não "quebro". Mas se mantivermos os bens e perdermos a relação divina, estamos "falidos!". De fato, "que adianta ao homem ganhar o mundo inteiro e perder a sua alma?"[17]

---

[16] Rute 1.20,21.
[17] Ver Marcos 8.36.

Contentamento na ausência de coisas

Se você alguma vez visitou uma fazenda *amish* ou falou com um menonita da Velha Ordem, a primeira impressão pode ser a de que eles vivem em contentamento por causa da óbvia ausência de coisas que consideraríamos parte do "padrão de vida mínimo" para a felicidade. Como poderíamos viver sem computadores, celulares, água quente, microondas ou um carro para cada membro da família? Costumamos confundir coisas com valores e posses materiais com a genuína felicidade pessoal. Se você é um felizardo que viaja para pregar em outros países — em especial os que não têm o padrão de vida do ocidente industrializado —, notará a riqueza das relações familiares e a identidade comunitária que possuem.

Enquanto é verdade que a genuína pobreza (algo raro entre os *amish*) em nações devastadas tem a sua própria carga de tristeza, você notará também que a dependência uns dos outros cria uma forma *peculiar* de felicidade. Quando tudo é retirado de nós, a pobreza nos deixa sem nada de valor, a não ser o que é *verdadeiramente* valioso. E parte desse valor é encontrada *no seu próximo*.[18]

Às vezes, quando somos pressionados a fugir da pobreza, podemos deixar para trás, sem querer, as coisas que deveríamos levar. A pobreza que nos deixa com nada de valioso, *exceto* o que realmente importa, não é pobreza de verdade. É apenas a "ausência de coisas". Se você ainda se relaciona bem com a família, tem boa saúde, o suficiente para comer e amigos leais... Será que você é mesmo pobre?

A pobreza que nos deixa com nada de valioso, exceto o que realmente importa, não é pobreza de verdade.

---

[18] Jesus cita dois valores centrais de Deus no Antigo Testamento, como os valores mais importantes de todos: "Ame o Senhor, o seu Deus, de todo o seu coração, de toda a sua alma e de todo o seu entendimento. Este é o primeiro e maior mandamento. E o segundo é semelhante a ele: 'Ame o seu próximo como a si mesmo'. Destes dois mandamentos dependem toda a Lei e os Profetas". (Mateus 22.37-40; ver também Deuteronômio 6.5 e Levítico 19.18).

O que causa a lenta erosão de valores? Que catalisador destrutivo faria uma pessoa jovem, feliz e plena casar-se, divorciando-se de sua família unida e de seus valores? Não importa se você está fugindo da fome (como Elimeleque) ou saindo de sua cidade natal para um "emprego melhor" em Chicago. O preço por abandonar seus valores essenciais é alto demais. Antes de sair do seu "lar", certifique-se de que é Deus que está lhe transferindo, não apenas a empresa em que trabalha.

Existem vigaristas predadores que freqüentam os terminais rodoviários de Nova York e de Hollywood, esperando por jovens sonhadores que descem dos ônibus vindos de lugares que as pessoas chamam de "lar". Os predadores aguardam suas presas com falsas esperanças, para aprisioná-las com drogas ou "empréstimos", forçando-as ao vício e à prostituição, ou pior. Mas isso acontece com pessoas mais velhas também. Às vezes, temos que viajar para buscar trabalho e melhorar a vida da família. Certifique-se de que não está sendo seduzido pela luz das falsas promessas de uma "vida melhor". Não perca a cabeça se suas escolhas lhe levarem para um lugar ainda pior.

Milhões fogem da "fome da terra" apenas para criar a "fome da alma"

É terrível perder contato com a família e nunca reconectar-se de novo. É triste, mas há gente que faz a mesma coisa sem sair de casa! Um antigo profeta, Amós, falava da fome "de ouvir as palavras do Senhor".[19] Não a fome da palavra, mas de "ouvir as palavras do Senhor". Podemos estar na presença da Palavra e não "ouvir" a Palavra. Ter a sabedoria disponível e não entrar em sintonia é trágico! Suspeito que existam milhões de pais "*workaholics*" que, em sua mente, estão "fugindo da fome da terra" e da pobreza da juventude — e "criando a fome da alma", em sua busca cega por dinheiro às custas de prejuízos para a relação familiar, casamentos desfeitos e falência espiritual.

Se você vive a fome da alma, estimulo você a parar tudo e prestar atenção ao rumor: há pão em Belém outra vez. Há esperança para você se der o primeiro passo no caminho do lar dos verdadeiros valores da vida! Mas é preciso dar o primeiro passo! Você pode até achar que sozinho não vai conseguir, mas Deus enviará ajuda ao longo do caminho...

---

[19] Amos 8.11.

Capítulo 9

A família não é um *kit* que se vende pronto
Mas precisa toda uma população?

Uma escritora moderna dizia: "É necessário toda uma vila para criar uma criança". E ela tinha razão. Mas não deixe as vozes da vila falarem mais alto do que a voz da família! Tenho uma família enorme, embora só tenha um irmão.

Em verdade, tenho pessoas que chamo de tios, embora não o sejam; sendo que ensinamos nossos filhos a chamá-los da mesma maneira. Jamais esquecerei o jovem casal de babás que cuidou de mim. Ainda os chamo de tio e tia, embora não sejam meus parentes. Nunca os chamei por outro nome e nunca esquecerei os dois.

Penso que a perda da família talvez seja a principal razão de tanta solidão involuntária existente na sociedade moderna. Note que quando você adota os valores de toda a sua família, você adota os lugares, as coisas, a história e a herança dessa família. Belém era isso para Noemi e se tornou o mesmo para Rute. Comunidade! E valores como lealdade e ética ajudam a criar uma comunidade. Obviamente, Rute tinha esses valores em sua vida.

> *A sogra lhe perguntou: "Onde você colheu hoje? Onde trabalhou? Bendito seja aquele que se importou com você!"*
>
> *Então Rute contou à sogra com quem tinha trabalhado: "O nome do homem com quem trabalhei hoje é Boaz".*

> E Noemi exclamou: *"Seja ele abençoado pelo* Senhor, *que não deixa de ser leal a bondoso com os vivos e com os mortos!" E acrescentou: "Aquele homem é nosso parente; é um de nossos resgatadores!"*[1]

Noemi provavelmente começou a instruir Rute, sua nora moabita, sobre os costumes do mundo judeu, desde o dia em que ela se casou com seu filho Malom. (Esse papel da sogra instrutora fazia parte da tradição antiga dos lares e da sociedade judaica, assim como hoje ainda está presente em muitos lares judeus).[2] Uma vez que as duas fizeram um pacto e entraram na estrada juntas, a condição e o processo de tutora tiveram de ser apressados, tornando-se vitais. A vida e o destino delas dependeriam da habilidade de Rute em aprender os caminhos dos descendentes de Abraão e adotar o Deus invisível. Ela precisava aprender a se encaixar na cultura de Belém.

Noemi também enfrentava outro desafio: é muito mais difícil planejar, apoiar e administrar as necessidades de duas pessoas do que de uma só. Parece que Noemi esperava fazer a jornada para casa sozinha. Devia saber que podia contar com a generosidade de parentes, chegados e amigos, para as poucas necessidades que teria uma viúva só. Mas sabia também que essa generosidade estaria "fora de cogitação" assim que a "jovem moabita" fizesse parte do cenário. Então ela teve de forjar um novo plano: iria mesclar antigos elementos da tradição religiosa judaica e do protocolo social com novos elementos das recentes escolhas de Rute.

Noemi podia estar em uma estrada familiar para uma cidade conhecida, mas ela e Rute estavam pisando em *novo solo* onde ocorreriam *resultados incertos* ao deixar Moabe em direção a Belém. Ela não faria isso sozinha — Rute tinha de fazer a sua parte.

Sem volta para viajantes indiferentes

Quando Rute e Orfa se comprometeram pela primeira vez a ficar ao lado de Noemi, a sogra de coração partido agia desestimulando-as. Seu trabalho

---

[1] Rute 2.19-20.

[2] Ver Tito 2.3,4. O costume de as mulheres mais velhas treinarem mulheres mais novas continua no Novo Testamento (e supostamente continua até hoje). O único grupo que Paulo disse especificamente a Tito para não ensinar era o das moças. Aqui, o apóstolo instrui de novo Tito: "as mulheres idosas... [que] sejam mestras do bem, a fim de instruírem as jovens".

era relativamente fácil porque o cenário adiante era obscuro e sem esperança. Sua trilha de retorno era permanente — não haveria retorno para viajantes indiferentes, e nem ama-seca para quem perdesse a coragem.

Noemi fez o máximo para desencorajar suas duas noras, a quem aprendera a amar. Sabia que era velha demais para gerar outro filho para desposá-las. Além disso, a maldição ancestral sobre os descendentes de Moabe era real.

> *"Nenhum amonita ou moabita ou qualquer dos seus descendentes, até a décima geração, poderá entrar na assembléia do* Senhor. *Pois eles não vieram encontrar-se com vocês com pão e água no caminho, quando vocês saíram do Egito; além disso convocaram Balaão, filho de Bear, para vir de Petor, na Mesopotânia, para pronunciar maldição contra vocês. No entanto, o* Senhor, *o seu Deus, não atendeu Balaão, e transformou a maldição em bênção para vocês, pois o* Senhor, *o seu Deus, os ama. Não façam um tratado de amizade com eles enquanto vocês viverem.*
>
> *"Não rejeitem o edomita, pois ele é seu irmão. Também não rejeitem o egípcio, pois vocês viveram como estrangeiros na terra deles. A terceira geração dos filhos deles poderá entrar na assembléia do* Senhor *."*³

Muito tempo e distância depois, Noemi e Rute entraram na cidade de Belém e parece que Noemi até se esqueceu da presença de Rute. O que é compreensível até certo ponto. A chegada de Noemi em casa aflorou ondas incontroláveis de pesar e desespero pelo que perdera e deixara em Moabe. O pesar pode ser cansativo quando memórias fazem aflorar emoções.

Rute parecia estar essencialmente perdida nas sombras, ou realmente *estava*?

Noemi e Rute "fazem muito barulho"

O relato histórico bíblico diz que quando Noemi e Rute chegaram a Belém, "todo o povoado ficou *alvoroçado* por causa delas".⁴ Muitas traduções modernas dizem que a cidade estava "agitada" com a chegada delas. A raiz hebraica da

---

³ Deuteronômio 233.3-8.
⁴ Rute 1.19b, grifo do autor.

palavra utilizada significa "fazer barulho ou agitar muito".[5] Portanto, é mais que provável que o "barulho" tenha sido causado — pelo menos em parte — pelo estilo moabita da roupa ou pelos atributos físicos da etnia de Rute.[6]

É bem provável também que Noemi tenha deixado de lado as maneiras da "velha ordem", embora sem adotar as vestimentas moabitas. Por isso levaram um tempo para reconhecerem-na — "Essa é Noemi?". (Mas *ao menos* ela se sentiu um pouco arrependida com a situação). Mas independentemente do que uma ou outra vestia, aparentava ou falava, a primeira coisa que Rute fez ao entrar em Belém diz respeito aos valores internos que adotara:

> Rute, a moabita, disse a Noemi: "Vou recolher espigas no campo daquele que me permitir".
> "Vá, minha filha", respondeu-lhe Noemi.[7]

O trabalho severo adotado por Rute impressionou o povo de Belém — independente de como ela se vestia! Houve o reconhecimento de bondade. Quando ela se ofereceu para catar comida na lavoura, tudo o que Noemi podia dizer era "sim". De acordo com fontes rabínicas e históricas, Rute se arriscou demais andando sozinha pelos campos de colheita; ela, uma linda mulher; e, mesmo assim, Noemi não lhe disse uma palavra de alerta ou prevenção.[8]

---

[5] *New exhaustive strong's numbers & concordance with expanded greek-hebrew dictionary*. Copyright © 1994, 2003 Biblesoft, Inc. & International Bible Translators, Inc. OT:1949 *huwm* (hoom); uma raiz primitiva [cp.OT:2000]; fazer baderna, tumulto, agitar muito.

[6] Andre LaCocque, trad. K.C. Hanson, *Ruth: a continental commentary* (Minneapolis, MN: Fortress Press, 2004), p. 65.

Comentando sobre Rute 2.5, o autor nota que a pergunta de Boaz "A quem pertence aquela moça" foi tão direta e incisiva que fazia alguns rabinos conjecturarem se ele repreendia seu servo por permitir que Rute respigasse. Algo despertou seu interesse intenso LaCocque dá três razões possíveis para que Rute tenha se destacado na paisagem quando Boaz se aproximou do campo, o que também pode ter acontecido nas ruas de Belém. Primeiro, seu servo lhe contara sobre a relação de Rute com sua parente Noemi; segundo, ele notou que ela não se encaixava no perfil da trabalhadora comum, por causa das características étnicas que a destacavam; e, por último, Rute era bela por natureza.

[7] Rute 2.2, grifo do autor.

[8] Mona DeKoven Fishbane, "Ruth: dilemmas of loyalty and connection", contribuição da escritora à *Reading Ruth: contemporary women reclaim a sacred story*, de Judith A. Kates & Gail Twersky Reimer, em notas da p. 301: "Os rabinos sugerem que Rute era tão linda, que os homens tinham *ejaculações* quando olhavam para ela".

Muito embora a Lei de Moisés vigente em Belém garantisse *alguma* proteção a estrangeiros e mulheres, havia falhas na lei e evidentemente também lapsos sérios na consciência social de alguns. Parece que havia certo perigo em "aproveitarem-se" de Rute. A pista está nos comentários.[9]

> *Boaz disse a Rute: "Ouça bem, minha filha: Não vá colher em outra lavoura, nem se afaste daqui.* Fique junto com minhas servas. Preste atenção onde os homens estão ceifando, e vá atrás das moças que vão colher. Darei ordens aos rapazes para que não toquem em você. *Quando tiver sede,* beba da água dos potes que os rapazes encheram".[10]

Boaz foi o primeiro a assumir o papel de protetor e guia de Rute, que minutos antes tinha sido para ele uma estranha e estrangeira. Na cabeça dela, isso deve ter soado como uma reanimadora mudança de valores se comparado à Moabe!

A quem pedir informações na parte rude da cidade

Rute deve ter sentido certo alívio quando Boaz ofereceu-lhe proteção publicamente, além de tratamento especial. De fato, ela diz:

> *Ela inclinou-se e, prostrada, rosto em terra, exclamou: "Por que achei favor a seus olhos, ao ponto de o senhor se importar comigo, uma estrangeira?".*[11]

Houve uma conexão com Boaz. Uma intervenção do destino imediato. Rute atraiu os olhos de Boaz. E Boaz deu as boas-vindas a ela, de acordo com seu sistema de valores. Ela sentiu-se protegida e valorizada. Quantos de nós esperamos que um Boaz surja em nossa vida?

Sabemos pelo relato histórico e bíblico que Rute daria à luz a um filho de Boaz. O filho se tornaria o avô de Davi e um antepassado direto na linhagem do Messias. Os eventos que tomaram lugar em um campo onde a colheita ocorrera parcialmente, entre dois estranhos de culturas opostas, emolduram um milagre.

---

[9] Examinamos estes comentários das escrituras no Capítulo 5 também, mas sob um ângulo diferente.

[10] Rute 2.8,9 TEV, tradução livre, grifo do autor.

[11] Rute 2.10, grifo do autor.

Esse milagre preservaria a linhagem familiar de Elimeleque, Malom e Boaz. Tornaria possível a realização da promessa de enviar um Salvador à Terra. Em algum ponto do DNA adormecido de Rute estava a ligação genética com Abraão, pai dos judeus. Ló, seu ancestral, era sobrinho de Abraão. A tênue linha se enfraqueceu ainda mais pela paternidade incestuosa. Mas havia em Rute o DNA do Pai da Fé. Quando exposta ao solo da terra prometida, algo começara a germinar. Às vezes, o que está em você só começa a crescer quando exposto ao ambiente certo. Moabitas não deveriam entrar na congregação do Senhor nem na "décima geração".[12]

Todavia, algo sobre Rute — a tutoria de Noemi e sua ligação a um pilar da comunidade, Boaz — tanto quebrou as amarras do legalismo, que Davi, "um homem segundo o Coração de Deus", nasceria apenas três gerações depois.

Você está ciente de que também pode ser uma Rute? Ou uma Noemi? Você pode mudar o futuro de sua família e dos amigos apenas adotando os valores de Belém.

Mas a criação de uma família de futuro — em especial uma família de mistura tão impossível assim — não é um *kit* que se vende pronto. A cultura ocidental e seu estilo de vida móvel, onde existem inúmeras empresas que transportam tudo e outras que estocam móveis, fazem a sua parte ao minar a estabilidade familiar. Ganhamos opções, oportunidades, liberdades e crescimento financeiro, mas a custo de quê? No final, parece que tudo isso nos isolou ainda mais. Às vezes, mudando para mais perto do emprego, nos afastamos da família. Por isso, cuidado com suas "conexões" — elas são mais fáceis de quebrar do que de construir.

Às vezes, parece que a sociedade valoriza mais o isolamento do que o relacionamento. Somos capazes de nos auto-educar, entreter-nos, trabalhar, pagar contas e receber encomendas feitas via internet — tudo sem sair de casa.

A simplória devoção de Rute pelo bem-estar da sogra destoa das tendências modernas. O que sabemos é que Boaz se impressionou com Rute não apenas por sua beleza. Ele notara a atenção e o respeito dela para com a sogra.

Quanto de caráter a mais é preciso para manter a sogra em tão alta estima a ponto de a comunidade toda notar? O que Boaz enxergou é a marca de sua sabedoria. A maneira como tratamos nossa "antiga" família é um fator que indica como trataremos a "futura".

---

[12] Ver Deuteronômio 23.3-8.

Não há esperança para o "intruso"

Entre os antigos heróis de Israel, houve mulheres e homens judeus, alçados às altas posições das nações estrangeiras. (Moisés foi "o príncipe do Egito" e José seguiria o mesmo caminho mais tarde; Daniel subiu ao topo na Babilônia e Ester, como rainha, salvaria os judeus na Pérsia).

Dessa vez, os papéis seriam trocados. Seria Rute, a moabita, *a derradeira intrusa*, a quem Deus elevaria à proeminência em Israel, com a ajuda de Boaz e de Noemi. *Há* esperança para o *intruso* sempre que Deus está envolvido. Enquanto os julgamentos e limitações dos homens afastam pessoas, o amor e a compaixão de Deus sempre trazem o intruso para dentro. Você não precisa ter sangue azul para alcançar a importância no Reino do céu.

Rute já experimentara a sensação de ser uma intrusa nos primeiros segundos em que foi esquecida pelo "gelo" da indiferença social — Noemi abriu o coração para os amigos enquanto Rute usava seus dotes como uma presença invisível e despercebida ao lado da sogra.

Da mesma forma, Rute sentiu a mesma indiferença nos campos de colheita no dia seguinte. Alguns estudiosos concordam com as evidências de que os colhedores de Boaz se irritaram com a presença de uma moabita em seu meio, já que, segundo o padrão local, eram tidas como "mulheres de baixa moral".[13]

Boaz, porém, reverteu maldições de gerações, animosidades e sentimentos anti-moabitas. De acordo com a norma, moabitas eram desprezados e evitados por judeus. O curso normal dos eventos mostra mulheres buscando água para homens e princesas jantando a comida abundante, colhida na roça, feita por servos. Na verdade, há uma dupla inversão, já que alguém da Judéia [Boaz] serve uma moabita e a faz beber água retirada por homens. O escritor do Eclesiastes não era feliz. Para ele, era ultrajante ver escravos andando a cavalos e princesas caminhando... A partir de agora, nem Rute nem Boaz serão os mesmos de antes do encontro.[14]

Noemi não deu nenhum alerta ou preveniu Rute sobre os perigos locais e as expectativas sociais quando ela pediu para ir aos campos procurar alimento. Noemi só aprovou e nada mais foi dito, talvez porque ainda estivesse em choque. Assim, Rute foi aos campos e voltou com boas novas que injetaram ânimo em Noemi, desde a perda dos filhos. É significativo que essa vida nova

---

[13] LeCocque, *Ruth*, p. 27.
[14] Ibidem, p. 69.

em seu coração começou após Rute voltar dos campos de Boaz e contar-lhe sobre o divino favor.

> *A sogra lhe perguntou: "Onde você colheu hoje? Onde trabalhou? Bendito seja aquele que se importa com você!" Rute contou à sua sogra com quem tinha trabalhado: "O nome do homem com quem trabalhei hoje é Boaz."*[15]

Imagine só o choque que percorreu o corpo de Noemi ao ouvir aquele nome! De repente, uma nova luz brilhou em seus olhos cansados de tanto chorar.

Algo acendeu o fogo em seu coração, pois diz a Bíblia que Noemi começou a falar com ela sobre a bondade Divina! Ela, a mesma que há pouco dizia a todos os amigos de Belém:

> *"Não me chamem*
> *Noemi Doçura,*
> *melhor que me chamem de*
> *Mara Amargura,*
> *pois o Todo-poderoso tornou minha vida amarga."*[16]

Note que ela deixou as circunstâncias atuais nomearem seu futuro. Ela agora é "Mara" ou *amargura*. Não amaldiçoe seu futuro ao pronunciar "amargura" no presente.

A única vez em que Deus mencionou a "ajuda presente" seria nos "tempos difíceis".[17] É a única vez em que Ele se levanta e diz: "Presente".

Algo no relato de Rute revelou uma intervenção sobrenatural e proventos de Deus para essa triste viúva! A decisão definitiva de Noemi de voltar para casa começou a mostrar os primeiros sinais de uma divina reviravolta! Radiante e estupefata, Noemi enxugou o choro e disse à espantada nora moabita:

---

[15] Rute 2.19, grifo do autor.
[16] Rute 1.20,21.
[17] Veja Salmo 46.1.

> *E Noemi exclamou: "Seja ele abençoado pelo Senhor, que não deixa de ser leal e bondoso com os vivos e com os mortos!" E acrescentou: "Aquele homem é nosso parente; é um de nossos resgatadores!".*[18]

De repente, tudo mudou na vida de Noemi. Ela sentiu um novo propósito em sua alma quando a nora lhe contou o sucedido. Sabia que seus conselhos seriam vitais dali em diante, pois Rute, a moabita, necessitava de verdadeiros conselhos de sua mentora judia. Tudo isso porque Rute voltou com um estoque farto de comida. Algo maior estava em ação. Nada além de um destino eterno em jogo. Já reparou como Deus faz você vislumbrar seu futuro sem você saber? É um teste de "valores"!

Rebeca deu água aos dez camelos de Isaque antes de se tornar sua noiva.[19] Foi um trabalho pesado? Em quanto tempo? Um camelo árabe com sede bebe até 80 litros em dez minutos![20]

Ou seja, *naquele dia, eles beberam, no mínimo, 800 litros de água*!

Quatro litros de água pesam quase quatro quilos, então é provável que a jovem Rebeca tenha tirado e carregado quase 800 "quilos" de água para aqueles camelos.[21] Se o contêiner dela tinha 40 litros, ela fez 20 viagens de ida e volta até o poço!

Rute trabalhara como respigadora nos campos de Boaz antes de casar-se com ele e tornar-se dona de suas terras. Deus sempre lhe dará chance de regar e cultivar o seu futuro sem você saber. Rebeca guiou aqueles camelos ao destino dela. Esse é o valor do esforço do trabalho!

Da hora em que Rute voltou dos campos até tornar-se proprietária deles, ao se casar, sua relação com Noemi aprofundou-se mais e mais. O que começou como um pacto através do amor, para suportar dificuldades no futuro incerto, transformara-se em uma aventura de destino e esperança! Uma nova "fusão de família" estava se delineando, fundamental para o futuro dos judeus.

---

[18] Rute 2.20, grifo do autor.
[19] Ver Gênesis 24.
[20] Camels A to Z - "Camelos: Do A ao Z", Arab.net. Acessada via internet no link: http://www.arab.net/camels/.
[21] "Quanto pesa um galão (3, 785 litros) de água?", acessado via internet: http://www.accounty.org/News/Current/WaterCompetition.cfm

Noemi sabia os pontos fracos e fortes da comunidade de Belém, mas Rute necessitava de um "vencedor coletivo", um protetor local que removesse os obstáculos do caminho. Ela havia "tropeçado" naquele vencedor em um campo de colheita.

Como descendente de Moabe, uma família marcada por violência, incesto, traição e sacrifício de crianças, Rute sabia bem o custo do pacto quebrado. Sabia que a comunidade existe em vários níveis, mas nem todos são aliados.

Ela fez um pacto com Noemi, e, ao começar a cumpri-lo, o Deus da Aliança iniciou um milagre que afetaria o mundo inteiro e as próximas gerações. É óbvio que a aliança é um dos valores de Belém.

Como Noemi, que ao fugir para Moabe, pensou que sua vida estivesse vazia. Não havia comida em Belém. Quando pegou o caminho de volta para o lar, botou para fora suas mágoas para velhos amigos, rebatizou-se de "Amargura", e nem percebeu que a provisão de Deus seguia a seu lado. Voltou para seu lar em Belém com a resposta a seu lado (e Rute significa "satisfação"!).

Às vezes você pode ter a *satisfação com você* e nem perceber!

Capítulo 10

"Eu finalmente encontrei"

De quem é esse campo?

Quase não tenho palavras para contar como me senti aliviado ao localizar o retorno e o gigantesco hotel ao longe, durante uma de minhas viagens. Eram duas horas da madrugada e então sabíamos que o quarto que havíamos reservado fora dado a outra pessoa. E lá estávamos nós em Indianápolis, em plena madrugada, com uma temperatura de 12°C. Foi quando o atendente nos avisou: "Mas senhor... Reservamos um quarto para vocês em outro hotel".

Como não reconheci o nome quando ele o mencionou, achei que era um hotel de quinta categoria em uma rua sem saída. Mas para nossa surpresa, os quartos eram muito bons. Eram *vagões de trem* transformados em quarto de hotel. Não digo que foi uma das melhores estadias que tive em um hotel, mas minha filha, viajando comigo, ficou tão empolgada que ligou para casa no dia seguinte, contando para a mãe: "Mãe, você não imagina. Dormimos em um vagão de trem!". Afinal, aquele contratempo às duas horas da madrugada deixou memórias maravilhosas.

Lembre-se do alívio todas as vezes em que você pode dizer: "Finalmente chegamos!". Imagine como Rute se sentiu ao encontrar um lugar cheio de graça. Em Gênesis 6.8, a Bíblia diz: "Noé *achou graça* diante do Senhor". Nem sei se você já procurou pela graça antes, mas, em geral, a estrada é cheia de curvas e desvios.

Quando Rute deixou Moabe, não estava certa do que procurava. Mas quando Noemi deixou Moabe, estava retornando ao *lar*, aos valores que havia perdido.

> *"Por que achei graça em teus olhos, para que faças caso de mim, sendo eu uma estrangeira?"* [1]

Dois casamentos, três mortes e uma fortuna familiar dizimada deixaram as duas remanescentes da "experiência de Moabe" sem esperanças. A dor da perda pode, com o tempo, enfraquecer a alma mais forte. Fugiram do local da dor e colocaram os olhos e a esperança na terra de Belém — talvez lá achassem provisões suficientes para viver e recomeçar. Porém, há algo sobre Belém... Algo mais do que seus campos e colinas. Pois Noemi lembrou-se do tempo em que os campos não eram tão produtivos assim. De fato, a decisão de retornar baseava-se em rumores. Parece que ela teria voltado mesmo que a abundância de Belém não estivesse de volta. O que havia naquela cidade que trazia as pessoas de volta?

Infelizmente, a realidade da vida de Noemi e Rute não combinava com a alegria profética naquela manhã em que Rute saiu cedo para procurar o campo de colheita. A dependência de Rute no campo de Deus era *real*. Fora criada como princesa em um reino onde curvar-se para o soberano e chamá-lo de senhor era a lei.

Boaz era juiz em uma sociedade fundada pela Torá, onde apenas Deus era chamado de Senhor. Historicamente, os judeus jamais se curvaram perante rei nenhum, só quando forçados a isso. Eles tampouco permitiram que alguém se curvasse à sua frente!

Sua ignorância sobre os costumes foi ofuscada pela pureza do coração

Que essa princesa moabita ignorante tenha se curvado humildemente perante Boaz diz muita coisa. Sua ignorância em relação aos costumes foi encoberta pela pureza de seu coração e sua devoção à bondade e à lealdade. Boaz pode ter ficado embaraçado pela demonstração exagerada de humildade e gratidão de Rute. Mas acredito que ele próprio tenha exagerado um pouco também. De acordo com

---

[1] Rute 2.10b, Edição Corrigida e Revisada, SBTB.

rabinos e estudiosos, Boaz usou uma linguagem muito pomposa e rígida para sua resposta[2] à pergunta sincera de Rute. Talvez estejamos vendo a resposta de um homem confiante e seguro a uma bela mulher.

> Ela inclinou-se e, prostrada, rosto em terra, exclamou: "Por que achei favor a seus olhos, ao ponto de o senhor se importar comigo, uma estrangeira?".
> Boaz respondeu: "Contaram-me tudo o que você tem feito por sua sogra, depois que você perdeu o seu marido: como deixou seu pai, sua mãe e sua terra natal para viver com um povo que você não conhecia bem. O S<small>ENHOR</small> lhe retribua o que você tem feito! Que seja ricamente recompensada pelo S<small>ENHOR</small>, o Deus de Israel, sob cujas asas você veio buscar refúgio!"[3]

A bela viúva moabita Rute agora tinha um advogado. Para alguém que entrara em uma colheita estrangeira impotente e sem nenhum laço, ela se saía bem. Rute (e claro, Noemi), inadvertidamente, havia também contratado os serviços de outro advogado celestial.

Talvez o que estejamos vendo seja Deus "estabelecendo-se" em uma família. Apesar de sua resposta formal e rígida, Boaz captou a mensagem. "Alguém" havia dito ou mostrado a ele o caráter de Rute ao cuidar da sogra, o abandono dos valores de Moabe e o fato de ela ter abraçado os valores judaicos. O "Senhor retribuía o teu feito". Boaz estava a ponto de ser a mão de Deus!

Pessoas influentes podem fazer boas coisas acontecerem

Quando alguém importante e influente vê seu potencial ou "simpatiza" com você, ele ou ela tem a habilidade de fazer boas coisas acontecerem em sua vida, tem condições de "promover" a sua causa. Embora eu não encoraje você a buscar ou cultivar um "patrocinador da coletividade", eu diria que Deus é

---

[2] Andre LaCocque, trad. K.C. Hanson, *Ruth: a continental commentary* (Minneapolis, MN: Fortress Press, 2004), p. 71.
 "Está claro que a chegada das duas mulheres em Belém foi sensacional. Em '*Bem se me contou*' ou '*fui muito bem informado*' [vs.11ª]... Boaz continua a falar de maneira compulsiva. Empregando aqui um duplo 'Hophal' (particípio, forma passiva casual; algo como "Foi-me dito ao contarem" ou "de forma que me fosse dito")". Grifo do autor.

[3] Rute 2.10b, grifo do autor.

o "promotor" fundamental. É sábio receber os favores Dele que surgem ao longo do caminho.

Rute teve um "Promotor", que apóia a quem se destaca, Ele que Se destaca sobre todos. Talvez ela não tenha notado que sua "boa sorte" ou o "favor inesperado" surgiu não por causa de sua beleza fenomenal. Nem mesmo porque havia feito a jornada até os campos de Belém. Tudo veio do campo de Deus. O homem pode ser um recurso. Mas Deus é "a Fonte".

Anote! Ela não "desfilou" pela passarela do campo! Ela *trabalhou arduamente* no campo! Ela catou comida, apesar da humilhação. Nada de arrogância ou de atitudes típicas de uma princesinha. Rute, com todo o testemunho de sua beleza externa, adotou a ética do trabalho de Belém e assim iluminou sua real beleza interior.

Um trabalho de Deus no campo de Deus

Talvez Noemi estivesse lutando contra a depressão em uma casa vazia quando tudo isso aconteceu. Suas revelações e acúmulo nato de tradições judias não entraram para o quadro do milagre que se operou no campo. A beleza de Rute fez sua parte no plano de Deus, mas sabemos que essa beleza poderia ter se virado contra ela. Isso foi trabalho de Deus no campo de Deus. Se Boaz não tivesse ido além da cautela costumeira e de seus instintos legais na hora em que ofereceu proteção pessoal à estrangeira, Rute estaria em dificuldades.

Na condição de uma mulher moabita, ela poderia ter sido forçada a ter relações sexuais com os homens do campo, sem que eles fossem acusados de adultério ou sedução.[4] O estereótipo envolvendo as moabitas era o de que "todas eram promíscuas", quase como "prostitutas do templo".[5]

É óbvio que Rute não conhecia todas as "regras judaicas do caminho" de cor, nem se encaixava nesses padrões. Era a princesa de Moabe, forte e segura de si o suficiente para retrucar a conversa enfadonha, mas neutra de Boaz,

---

[4] LaCocque, *Ruth*, p. 68: "Os rapazes podiam ficar atraídos por essa moça, com quem uma relação sexual não seria considerado adultério (Levítico 20.10; Deuteronômio 22.22) ou sedução não tão repreensível (Êxodo 22:16 [Mateus 15]; Deuteronômio 22.28,29)". Grifo do autor.

[5] Ibidem — p. 79 — "Rute estava vivendo perigosamente... Vimos acima que uma jovem viúva poderia ser uma tentação ainda maior, já que ter relações sexuais com ela não seria punido por nenhum meio legal"; e p. 83, onde o autor nota: "Não se podia esperar mais nada além de promiscuidade de uma moabita".

sobre a bênção de Deus. Rute submetera-se a Deus, mas habilmente passara a responsabilidade da ação para Boaz, que estava exatamente no lugar onde pertencia:

> *"E ela disse: "Continue eu a ser bem acolhida, meu senhor! O senhor me deu ânimo e encorajou sua serva — e eu sequer sou uma de suas servas!".*[6]

Tenha Rute gostado ou não, Boaz era o coração, as mãos e recursos que Deus enviara a ela e a Noemi. Deus *sempre* usa moeda humana para fazer seus negócios celestiais na Terra.

Rute marcou um ponto quando se mostrou honesta. Ela enfatizou: "*Eu não tenho o porte das suas servas*. Não sou judia. Não sou uma de suas servas". Um estudioso observou bem, notando que Rute sabia "que palavras pias *não substituem um compromisso pessoal*".[7] Ela o agradeceu por sua gentileza, mas deixou uma questão no ar. É provável que tenha sido mais ou menos assim: "Você diz que sabe tudo sobre mim e de como cuidei de Noemi. Bem, então você sabe o quanto nossa situação é desesperadora. Você disse que iria cuidar de mim. Sabe das minhas necessidades. Vai fazer algo a respeito?".

Por lei, Boaz podia expulsar Rute do campo. Afinal, ela era uma moabita. Em vez disso, aceitou o desafio e colocou ação em suas palavras.

> *Na hora do almoço, Boaz disse-lhe: "Vem cá! Come deste alimento! Molha teu bocado no vinagrete!". Ela sentou-se ao lado dos trabalhadores e ele ofereceu-lhe torradas. Ela comeu à vontade e ainda ficou com as sobras. Em seguida, levantou para continuar a catar. Booz disse aos empregados: "Mesmo que ela cate dos feixes já colhidos, não a incomodeis. Deixai de propósito cair dos feixes algumas espigas para ela [mãos-cheias de propósito*[8]*], deixai para trás para ela catar, e não lhe chameis a atenção.*[9]

---

[6] Rute 2.13, grifo do autor.
[7] La Cocque – Ruth, p. 72.
[8] A versão da (Bíblia) do Rei James oferece essa vivaz tradução.
[9] Rute 2.14-16, grifo do autor.

Boaz tinha "valores do campo". As coisas que importavam e funcionavam em sua vida eram tão visíveis e efetivas no mercado quanto no templo. Era conservador, mas também tinha determinação em arriscar. Boaz tinha muito a perder e parece que pouco a ganhar ao se envolver com a viúva da proibida Moabe. Seu passo inicial nessa aventura divina fora *abençoar Rute no campo*, oferecendo-lhe proteção. Agora dera o segundo passo, *abençoando Rute, a moabita, em sua mesa* — e na frente de todos os seus empregados.

Boaz convidou Rute para *sair* do campo e *sentar* em sua mesa. Em uma cena que me lembra muito Cristo ceando com Seus discípulos, Rute é convidada a comer pão, molhá-lo no vinagre, condimento que então tinha altíssimo valor. Todavia, daria outro passo que dizia bastante sobre o futuro. Rute sentou-se ao lado dos segadores, mas foi *Boaz* em pessoa quem a serviu. Ela estava sentada entre os colegas de trabalho e qualquer um poderia ter passado o que estava sendo servido para ela. Mas foi o dono, líder e juiz da comunidade, quem "passou a ela o milho seco". Uma tradução diz que Boaz serviu "mais do que ela podia comer".[10] Todo mundo nota, mas, às vezes, os enamorados atingidos pelo amor são os últimos a perceber as coisas!

Ordens do chefe: deixe para ela *"mãos-cheias, de propósito"*

Após dar aqueles passos, Boaz deu outro. Era como se não pudesse conter-se! Tão logo Rute pediu licença à mesa e retornou ao trabalho, Boaz chamou todas as mãos masculinas do campo para uma reunião na gerência. É certo dizer que eles provavelmente nunca tivessem tido uma reunião como aquela antes. As ordens do chefe eram simples: "Deixai cair 'mãos-cheias, *de propósito*' para ela. O que quer que faças, certifique-se que ela cate mais do que precisa". Boaz também prevenira os homens em pessoa e diretamente: "E *não a incomodeis*". A tradução de Berkeley coloca assim: "Não sejam duros e não a embaracem".[11]

Você e eu podemos ser incomodados no campo de colheita — muito embora estejamos trabalhando nos campos, pelo paraíso. Na verdade, é bem provável

---

[10] Rute 2.14b NLT, tradução livre.

[11] *A Bíblia moderna: a versão de Berkeley* (Peabody, MA: Hendrickson Publishers, 2005). Usada sob autorização. Todos os direitos reservados.

que você seja assediado ou ferido por *outros trabalhadores* que têm ciúmes ou não compreendem você! Esse é o valor de Belém sendo exaltado.

Muito antes que qualquer governo da terra declarasse o "assédio" um crime, ou o "assédio sexual" inaceitável, o governo celestial já adotara essa posição.

Boaz verbalizou isso em uma tradução, quando disse aos empregados para não *molestarem* Rute. Outro valor de Belém exaltado! Que criança ou moça não gostaria de viver em um lugar onde foi dada a seguinte ordem: "Proibido molestar!".

Uma das definições de molestar, a meu ver, é "tirar a inocência". Parece que há esforços concentrados para "tirar a inocência" na sociedade atual. Precisamos de mais gente como Boaz para editar leis rígidas para proteger inocentes! É irônico que outros trabalhadores do campo sejam os mesmos a quem Boaz se dirigiu quando os preveniu contra roubar a inocência de Rute. Este deveria ser um aviso para cada trabalhador esgotado "no campo de trabalho": "Não estraguem a inocência de um novo empregado. Não deixem suas dificuldades e decepções roubar a alegria deles, por estarem no campo".

Cada pai e adulto que têm a oportunidade de influenciar os jovens, deveria perguntar-se: "Estamos roubando a inocência de nossos filhos por causa de algo que falamos, fazemos ou por alguma coisa a que os expomos?". Deveríamos também nos perguntar: "Estamos colaborando para a perda de sua inocência com algo que *não* falamos, *não fazemos* ou por algo a que *não* os expomos?".

Noemi não apenas "reviveu" quando ouviu de Rute o relato do que acontecera na colheita, como começou a corrigir e guiar Rute com gentileza.

> *E Noemi exclamou: "Seja ele abençoado pelo* Senhor, *que não deixe de ser leal e bondoso com os vivos e com os mortos!" E acrescentou: "Aquele homem é nosso parente; é um de nossos resgatadores!"*
>
> *E Rute, a moabita, continuou: "Pois ele mesmo me disse também: 'Fique com os meus ceifeiros até que terminem toda a minha colheita'".*
>
> *Então Noemi aconselhou à sua nora Rute: "É melhor mesmo você ir com as servas dele, minha filha. Noutra lavoura poderiam molestá-la".*
>
> *Assim Rute ficou com as servas de Boaz para recolher espigas, até acabarem as colheitas de cevada e de trigo. E continuou morando com a sua sogra.*[12]

---

[12] Rute 2.20-23, grifo do autor.

Rute não foi precisa em seu relato

Rute não foi precisa em seu relato sobre o que Boaz lhe dissera, e pequenas diferenças podem criar grandes mal-entendidos. Rute disse que Boaz lhe falara para ficar perto dos empregados masculinos até o fim da colheita.

> *"Ouça bem, minha filha, não vá colher noutra lavoura, nem se afaste daqui. Fique com minhas servas. Preste atenção onde os homens estão ceifando, e vá atrás das moças que vão colher. Darei ordens aos rapazes para que não toquem em você".*[13]

Levando em conta o histórico moabita de Rute, na certa ela não percebeu que na polida sociedade israelita, homens e mulheres não se misturavam livremente fora do casamento ou da família. Isso ainda acontece em muitas culturas do Oriente Médio. Noemi não estava no campo quando Boaz deu essas instruções a Rute, mas conhecia sua cultura e os princípios judaicos que honravam e elevavam os valores da modéstia e da pureza. Sabia exatamente quais seriam os valores de Boaz, pois ambos partilhavam do mesmo valor.

Para seu crédito, Rute escutou os conselhos de Noemi e passou o resto da colheita trabalhando lado a lado com as donzelas dos campos de Boaz. Outro valor de Belém exaltado: *fique no campo!* Enquanto tudo não estiver colhido, nós não terminamos. Que testemunho de lealdade.

Houve um tempo na história de Israel que chamamos de *Ichabod* — literalmente, "foi-se a glória". Inimigos roubaram a arca da aliança. Quando foi restaurada, as Escrituras dizem que os homens de Bet-Sames (Bet Shemesh) estavam trabalhando "no campo", quando olharam para cima e viram "a arca da aliança" voltando em um novo carro.[14]

O que você faz quando a glória se vai? Continua a fazer o que sabe: permanece no campo e continua a trabalhar? Assim você estará entre os primeiros a vê-la voltar.

---

[13] Rute 2.8,9, grifo do autor.
[14] Ver I Samuel 6.13.

Capítulo 11

A estrada para a redenção
O que foi que ela viu nele?

É sempre interessante quando o "belo" acaba se casando com o "não tão belo". Parecem não dar a mínima para os comentários. A letra da canção "A Bela e a Fera" — um "conto tão antigo quanto o tempo" e "tão real quanto pode ser" — significa tanto para mim.[1] Imagino que o que me fascina é a razão de eu me identificar com a Fera.

Nunca me considerei um cara atraente. Nunca saía com "lindas garotas" da escola. Por isso, fiquei chocado quando minha (então futura) esposa se apaixonou por mim. Ela era tão bela e poderia ter feito outra escolha. Eu era a Fera! Ela é a pessoa mais gentil que conheço, ela amansou minha Fera interior. Mas nunca confunda sua brandura com fraqueza!

O poder da bondade

O poder da bondade está na sua escolha. Você escolhe ser bom. Mesmo quando a circunstância justifica outras ações. O que mudou a Fera do conto? Foi saber que a "Bela" o escolhera.

Em nossa história, claro que Boaz é a "Fera" (alguns estudiosos dizem que estava perto dos 80 anos!) e Rute é a "Bela". Muito antes da escolha de

---

[1] Uma parte da letra da canção ganhadora do Oscar, escrita pelo saudoso Howard Ashman para o desenho animado da Disney *A Bela e a Fera* (91). Fonte: www.imdb.com/name/nm0039141/bio, o link do "maior acervo de dados de filmes da terra". — Rute 2.20

minha própria "Bela", Boaz expressou sua surpresa e prazer com a escolha da amável Rute:

Boaz lhe perguntou: *"O SENHOR te abençoe, minha filha!"* Este seu gesto de bondade[2] é ainda maior do que o primeiro, *pois você poderia ter ido atrás dos mais jovens, ricos ou pobres!*[3]

Você notou a palavra "bondade"? Leu aquela expressão "lealdade familiar"?

Talvez isso explique por que Rute é uma brisa de ar fresco no coração. Sua história poderia ser chamada de "a parábola da superabundância", "o conto do mais que suficiente". Ela se tornou a representante dos valores do mesmo Deus que adotou, o mesmo Deus representado pela bondade carinhosa. A atitude de Deus precede toda ação revigorante. A bondade guia a escolha de Rute. Não a juventude, não a fortuna, mas a bondade!

Noemi fala dessa rara bondade carinhosa "exagerada" quando vê tudo o que Rute trouxe para casa e sabe que veio de Boaz, e, então, ela diz: "Bendito seja ele do SENHOR, que *ainda* não tem deixado a sua beneficência nem para com os vivos nem para com os mortos".[4]

Bondade e mais, muito mais!

A palavra em hebraico que ela usou, traduzida como "bondade", é *hesed*, (pronuncia-se *"hu-sed"*), mencionada no fim do capítulo 6 deste livro. Mas significa muito mais que "bondade"! Também quer dizer lealdade às obrigações naturais, beleza, favor, boas realizações, bondade misericordiosa e piedade.[5] Há um monte de valores envolvidos nesta pequena palavra.

---

[2] A tradução da versão King James para essa palavra.

[3] Rute 3.10, ARA, grifo do autor.

[4] Rute 2.20b, grifo do autor.

[5] Definição da palavra para "bondade" — *New exhaustive strong's numbers & concordance with expanded greek-hebrew dictionary*. (Copyright © 1994, 2003 Biblesoft, Inc. & International Bible Translators, Inc.): OT:2617 *checed* (kheh'-sed); OT:2616; bondade; por implicação (voltada a Deus) de piedade: raramente (por oposição) reprovação, ou beleza: KJV — *hesed*, favor, boa ação, bondosamente, (carinhosa) bondade, misericordioso (bondade), misericórdia, piedade, repreensão, coisa má; o mesmo que OT:2617; favor; *chesed*, uma Israelita: KJV — *hesed*.

São necessárias muitas páginas para explicar o conceito de *hesed*. O mandamento divino "Amar o teu próximo como a ti mesmo"[6] pode ser, no Novo Testamento, o equivalente ao *Hesed* do Antigo Testamento. Jesus citou os dois maiores mandamentos da Torá nessa passagem e, então, Ele disse que "toda a Lei e os Profetas" apóiam-se nela. Imagine um prego em um lugar seguro apoiando a plenitude da Bíblia. Esse prego é a bondade carinhosa.

Um estudioso descreve o livro de Rute e sua mensagem dessa maneira:

> "Este é um documento para as minorias de todos os tempos e de cada lugar. Sua mensagem é revolucionária porque nos guia para soluções marcadas pelo *hesed* — isto é, pela generosidade, compaixão, amor. De acordo com o livro de Rute, o centro da Torá é *hesed*, amor. O amor redime tudo".[7]

Em um outro trecho, o mesmo escritor diz: "*Hesed* é **a virtude do excesso**"[8].

Rute não tinha credenciais no mundo israelita. Era apenas uma moabita, uma nora não-israelita, condição vivida pelo casamento com um homem que falecera — mas que liberou o que seria uma enxurrada de "bondade carinhosa excessiva", começando por seu compromisso de *hesed* para com sua pesarosa sogra.

A bondade foi a chave que abriu o destino dela

> *"... aonde quer que fores, irei eu e, onde quer que pousares, ali pousarei eu; o teu povo é o meu povo, o teu Deus é o meu Deus.*
> *Onde quer que morreres, morrerei eu e aí serei sepultada."*[9]

---

[6] Jesus disse: "Amarás ao Senhor teu Deus de todo o teu coração e de toda a tua alma, e de todo o teu pensamento. Este é o e primeiro grande mandamento. E o segundo, semelhante a este, é: 'Amarás ao teu próximo como a ti mesmo'. Destes dois mandamentos dependem toda a lei e os profetas" (Mateus 22.37-40, ARC, SBTB).

[7] Andre LaCocque, trad. K.C. Hanson, *Ruth: a continental commentary* (Minneapolis, MN: Fortress Press, 2004), p. 27.

[8] Ibidem, p. 28. Grifo do autor.

[9] Rute 1.16,17, ARA.

Bondade foi a chave que abriu o coração de Boaz. Ele era um especialista, mas não havia chance de aprovação de uma lei para estrangeiras moabitas. As primeiras palavras que o proprietário pronunciou sobre Rute não eram exatamente cordiais. Perguntou ao supervisor do campo: "A quem pertence aquela moça?".[10]

Não sou *expert* em linguagem bíblica do Oriente próximo, mas parece que Boaz estava um pouco preocupado. Chega a soar como: "O que *ela* está fazendo aqui? Não está na cara que ela é uma *estrangeira*? Por que ninguém me informou?". Quando Boaz ouviu o servo dizer: "É moabita que voltou de Moabe"[11], ele imediatamente atualizou o *status* de Rute em sua mente, passando de "moça" para "filha". Sabia da bondade dela antes de saber o nome. Era como se conhecesse a moça mais por reputação do que por reconhecimento.

O que fez a postura e as ações desse homem se transformarem tão drasticamente no espaço de uma frase? Não foi o poder da lei; foi a força da *hesed*; foi o histórico da bondade carinhosa demonstrada por Noemi.

Boaz explicou a Rute que estava absolutamente a par de tudo que ela fizera por Noemi. Respeitava a virtude da bondade de Rute em escolher Noemi em vez de sua própria terra natal, laços familiares e cultura. Também sabia que, após a morte do marido, todas as obrigações para com a sogra terminavam. Qualquer coisa realizada após esse momento seria puro *hesed*, ou bondade carinhosa.[12]

Rute também alavancara sua bondade carinhosa com a virtude do zelo. Ela fora trabalhar cedo e só parara bem tarde. No curso de um único dia, sua ética de trabalho já tinha sido notada. Na hora em que Boaz apareceu, ele escutara as notícias e disse a Rute: "Todo mundo elogia você *e* seu trabalho incrível!". Eram os valores de Belém adotados por Rute que começavam a fazer a diferença? Em poucas e curtas frases, bondade, trabalho duro e prioridade dada à família começaram a trabalhar para o destino de Rute.

Boaz ordena aos empregados para entrarem em *hesed*

Boaz, em pessoa, demonstrou a "virtude do excesso" para com Rute, quando ele a convidou para comer em sua mesa. Ele pessoalmente a serviu,

---

[10] Rute 2.5.
[11] Rute 2.6, grifo do autor.
[12] Ver Rute 2.13.

com porções de sua comida, estendeu-lhe privilégios e deu a ela *mais do que podia comer*.[13] Na verdade, Rute tinha comida suficiente para levar para casa e alimentar Noemi no fim do dia. Então, Boaz ordenou que seus homens entrassem em *hesed* de três maneiras:

1. Deveriam deixar Rute se mover à vontade entre os grãos *não colhidos*.
2. Deveriam separar algumas cabeças de cevada para ela. (Em outras palavras, Boaz dizia: "Pagarei vocês para colherem *para* Rute hoje".)
3. Deveriam jogar alguns grãos do que colhiam para ela, de propósito, para que fosse fácil catar, mas de um jeito que ela não percebesse a ajuda.[14]

Você se lembra do que eu disse? "Em geral, a bondade é recompensada com a bondade". Pode ser que leve tempo... Mas a sua bondade vai alcançar você. Quando a bondade carinhosa de Deus começa a fluir em sua vida, Sua influência começa a envolver pessoas ao seu redor, e surgem aumentos de salário inesperados, bênçãos e suprimentos para você. Esse é o valor dos *relacionamentos* no trabalho.

Tudo isso aconteceu na vida de Rute quando Boaz percebeu que ela estava *ligada* à Noemi e que tinha sido leal em demonstrar por anos sua bondade carinhosa. Suas conexões de afeto podem destrancar portas que uma vida de habilidades não o faz.

Quando Noemi escutou o relato de favor feito por seu quase parente, sua esperança aumentou. Talvez ela pudesse estimular Boaz a demonstrar bondade (*hesed*) para sua nora e, de algum modo, promover um casamento (ironicamente, o maior ato sobrenatural de bondade, no final dessa história, viria da própria Rute. E não de Boaz!).

É durante as sete semanas da colheita rotineira, dividindo-se entre a de trigo e a de cevada, que Noemi, a sogra, torna-se Noemi, a casamenteira e conselheira sentimental.

---

[13] Ver Rute 2.14.
[14] Ver Rute 2.16.

Noemi oferece o mais estranho "conselho de mãe"

Na última noite da celebração do término da colheita, Noemi revelou seu plano. Rute, sua nora moabita, estava prestes a receber alguns dos mais estranhos conselhos.

> *Certo dia, Noemi, sua sogra, lhe disse: "Minha filha, tenho que procurar um lar seguro, para a sua felicidade. Boaz, senhor das servas com quem você esteve, é nosso parente próximo. Esta noite ele estará limpando cevada na eira. Lave-se, perfume-se, vista sua melhor roupa e desça para a eira. Mas não deixe que ele perceba você até que tenha comido e bebido. Quando ele for dormir, note bem o lugar em que ele se deitar. Ele lhe dirá o que fazer".*
>
> *Respondeu Rute: "Farei tudo o que você está me dizendo".*[15]

Quando a sogra é a casamenteira

É evidente que Noemi sentiu a dor da solidão da própria Rute. E ela sabia da importância da sincronia. De qualquer maneira que se olhe a situação, ela estava instruindo Rute na arte de se cortejar um homem!

Alguns têm se perguntado por que uma mulher moabita que já fora casada precisaria de um empurrãozinho na arte da sedução e do cortejo. Mas Rute não estava cortejando um moabita. Ela cortejava um homem íntegro — um judeu que seguia *o código de valores* de Belém. A atração natural que seu corpo oferecia não seria a principal qualidade, porque *"ela desejava mais do que um romance passageiro sob o luar"*. Ela estava buscando conexão, conforto, proteção. Queria um lar, não uma emoção sensual. Ela tinha em mente um legado e um redentor para Noemi. Rute queria um pai para um filho que iria resgatar e levar adiante a herança familiar de sua amada família adotada.

Encontre-o logo além do muro

Para concretizar seus planos, Noemi teria de enviar sua querida nora moabita para *além dos limites do muro da Lei*, para os costumes religiosos e culturais que envolvem o cortejo de um israelita. Rute estava prestes a cruzar a fronteira para uma "zona de ninguém", guardada por "cães de guarda" famosos

---

[15] Rute 3.1-5, grifo do autor.

pelo zelo e pela devoção com que guardam cada muro que cerca a Torá.[16] O trabalho deles pode ser resumido assim: apenas os guardiões da carta da Torá poderiam ser admitidos na igreja da Aliança de Deus. *Todos* os outros ficariam fora do composto familiar (congregação) de Abraão, Isaque e Jacó.

Quando Noemi contou seu plano a Rute, sabia que *tudo dependeria de duas coisas*:

1. O poder da *bondade carinhosa de Rute* (*hesed*).
2. O *caráter virtuoso* de Boaz.

A apreciação do homem pelo amor leal de Rute fez que vencesse o legalismo, para ver o plano maior de Deus. A Bela fizera sua escolha; iria à Fera superar todos os problemas e abraçar o divino potencial a seus pés?

Noemi não tinha intenção de salvar a nação — ela não tinha como olhar para trás e vislumbrar milhares de anos de história. Mas ela se *preocupava* com o futuro de sua leal nora e ainda tinha uma fraca esperança de ver o nome da família preservado no futuro de Israel.

> *Então ela desceu para a eira e fez tudo o que a sua sogra lhe tinha recomendado.*
>
> *Quando Boaz terminou de comer e beber, ficou alegre e foi deitar-se perto do monte de grãos. Rute aproximou-se sem ser notada, descobriu os pés dele, e deitou-se. No meio da noite, o homem acordou de repente. Ele se virou e assustou-se ao ver uma mulher deitada a seus pés.*[17]

---

[16] Por favor, entenda que não tive nenhuma intenção de ofender os descendentes de Abraão, Isaque e Jacó, ao me utilizar da imagem dos cães de guarda. De um ponto de vista messiânico, a verdadeira missão do pacto de Abraão (e especificamente a missão de Rute) era *salvar* e *restaurar* o que havia sido arruinado ou deixado de lado pela fraqueza humana, pelo erro ou pecado. Logo será mostrado que os ensinamentos rabínicos clássicos apóiam o conceito de que o Todo-poderoso muitas vezes redimiu ou preservou famílias, tribos ou nações, usando o que parecem ser métodos "questionáveis" ou indivíduos como Tamar, as filhas de Ló, e Rute.

[17] Rute 3.6-8 NIV, grifo do autor.

O *primeiro* problema que Rute enfrentou foi muito importante. A violação desse regulamento a colocaria em sério risco. Antes que desse um só passo, ela se viu no ponto em que precisaria tomar uma decisão, não haveria retorno.

Ela se aventura no piso proibido da debulha

Rute decidiu-se assim que ouviu o plano de Noemi. Disse que faria tudo o que a sogra sugerisse. E continuou com seu compromisso. Ela ia se aventurar no piso proibido da debulha, no escuro da noite, *mais vestida para um casamento do que para uma colheita*. Era uma missão diferente!

O piso da debulha era um espaço ao ar livre, talvez com uma tenda sobre ele, para proteger os grãos do orvalho da madrugada.[18] O acesso aberto servia para a brisa "peneirar" o grão durante a noite. Essa parte da operação era tão importante, que era comum para o proprietário acompanhar a operação noturna.[19]

Nenhuma mulher decente tinha permissão para entrar no piso de debulha naquele tempo. As que entravam eram consideradas prostitutas, que sempre vinham cobertas pela noite e desapareciam antes do sol nascer.

---

[18] *Comentário de Adam Clarke*, Electronic Database (Copyright © 1996, 2003 Biblesoft, Inc. *All rights reserved*), sobre Rute 3.7 — "[*Foi deitar-se junto ao monte*] Como os solos de debulha e peneiragem são ao ar livre nas nações orientais, é bem provável que o dono, ou uma pessoa de sua confiança, ficasse no campo até que os grãos estivessem escolhidos, separados e selecionados, tendo *uma tenda* nesse local. Boaz parecia utilizar uma tenda dessa". Grifo meu.

[19] *Comentário de Jamieson, Fausset & Brown* — Electronic Database (Copyright © 1997, 2003, Biblesoft, Inc. — All rights reserved), sobre Rute 3.2 — "'Esta noite vai abanar a cevada no seu terreiro'. O processo de peneiragem ou joeiramento é realizado jogando-se o grão — após ser esmagado com os pés, contra o vento, usando-se uma pá. O chão de debulha, que era em geral ao lado do campo de colheita, era cuidadosamente nivelado por um grande rolo cilíndrico, e consolidado com giz (cré), de forma que nada brotasse do solo, e que não talhasse com a seca. *O fazendeiro em geral permanecia no chão de debulha durante a época da colheita, não apenas por proteção de seu valioso grão, mas por causa da peneiragem.* Essa operação era realizada durante a noite, para aproveitar a brisa que sopraria após o fim de um dia de calor, e que continuava pela maior parte da noite. *Este dever era tão importante para a estação, que o próprio mestre se encarregava dela em pessoa*: e de acordo com os antigos costumes, Boaz, uma pessoa de riqueza considerável e alta patente, deitava-se para dormir no chão do celeiro, ao lado do amontoado de cevada que ele estivera peneirando na debulha". Grifo do autor.

A ESTRADA PARA A REDENÇÃO

> *Então ela [Rute] desceu para a eira e fez tudo o que a sua sogra lhe tinha recomendado.*
>
> *Boaz terminou de comer e beber, ficou alegre, e foi deitar-se perto do monte de grãos. Rute aproximou-se sem ser notada, descobriu os pés dele, e deitou-se.*[20]

Essa é um das passagens mais contestadas do Antigo Testamento por estudiosos rabínicos e cristãos. Está relacionado ao mistério "da maneira com que um homem ama uma mulher", mencionada nos provérbios.[21]

É uma passagem que tem sido lida rapidamente, e ultrapassada em silêncio por professores das Escrituras, de geração em geração, por suas "incômodas" implicações.

"Entregas" bagunçadas e testemunhos "complicados"

A interpretação mais fácil é a de que Rute levantou a ponta do cobertor de Boaz e, de alguma forma, discretamente encaracolou-se a seus pés, como um animalzinho submisso. O hebreu original não nos entrega nada fácil. Na vida real, defrontamo-nos com "entregas" bagunçadas e testemunhos "complicados" de como Deus nos abençoa apesar de nossas confusões.

Uma escritora resumiu as interpretações de diferentes estudiosos quando examinou os duplos sentidos das frases originais em hebraico. Ela explica:

"Rute deve 'descobrir' — o quê?... De forma que Rute descobriria as pernas dele e, eufemisticamente, até suas [partes íntimas]... Só há duas possibilidades: ela está descobrindo-o, ou a ela mesma... Mas é claro que Noemi está mandando Rute para fazer algo que é absolutamente inapropriado como comportamento de uma mulher, e que pode levar ao escândalo e até ao abuso".[22]

As Escrituras dizem que Rute "veio de mansinho" até Boaz. Se os boatos e rumores sobre as mulheres moabitas eram verdade, então essa mulher transformada era muito diferente da princesa de Moabe, que idolatrava a falsa fertilidade de seus deuses, com ritos promíscuos a cada celebração da colheita.

---

[20] Rute 3.6,7, grifo do autor.
[21] Ver Provérbios 30.19b.
[22] Tikva Frymer-Kensky, *Reading the women of the Bible: a new interpretation of their stories* (New York: Shocken Books, divisão da Random House, Inc., 2002), pp. 247-48, minha inserção de parênteses.

Pelo menos, parece que está claro no original hebraico que Rute "descobriria a parte 'mais' baixa do corpo de Boaz, e deitaria ao seu lado... A cena é escandalosa".[23]

Arriscado é eufemismo

Rute literalmente colocou-se na trilha do perigo, armada apenas com sua "virtude do *hesed*". Se ela fosse vista, ou rejeitada, ou abusada e dispensada, qualquer acusação de adultério que fosse apresentada contra Rute, a moabita, o veredito seria a rápida condenação — e uma execução mais rápida ainda da sentença: morte por apedrejamento. Chamar isso de "arriscado" é uma meia verdade. *Era uma aposta, um perigoso tudo ou nada.* Alguém pode perder sua reputação ou sua vida. Em qualquer caso, *o coração débil nunca será capaz de entender tais riscos...* Noemi estava enviando sua nora para a sua própria destruição.[24]

Você consegue vislumbrar a cena na escuridão daquela noite? Já era difícil deslizar sorrateiramente por entre os servos adormecidos e por baixo da tenda que cobria a grande pilha de grãos peneirados. Imagine como o coração dela disparou no momento em que levantou a coberta de Boaz e deitou-se aos pés dele. Noemi tinha uma coragem incomum ao traçar esse audacioso plano para "ajudar" Boaz, um aparentado, a cruzar a linha do interesse para a da ação.

De algum modo, ela tinha que indicar sua escolha para Boaz: ela não tinha procurado por juventude, fosse rica ou pobre; a Bela havia escolhido a velha Fera.

Nos contos de fadas infantis, isso implicaria em um beijo em público. A discrição de Rute era para que Boaz soubesse dos sentimentos dela, mas *em particular*, pois se quisesse, também poderia rejeitá-la. O momento mais difícil ainda estava por vir. Não sabemos precisamente quando Boaz foi dormir ao lado dos grãos peneirados, mas sabemos muito bem quando acordou.

> *No meio da noite, o homem acordou de repente. Ele se virou e assustou-se ao ver uma mulher deitada a seus pés.*
> *"Quem é você?", perguntou ele.*
> *"Sou sua serva Rute", disse ela. "Estenda a sua capa sobre a sua serva, pois o senhor é resgatador."*[25]

---

[23] LaCocque, Ruth.
[24] Ibidem, p. 83, grifo do autor.
[25] Rute 3.8,9, grifo do autor.

Rute tomou para si a situação e colocou sua reputação, futuro e vida em risco ao se declarar para Boaz.

Rute arriscou tudo em uma noite com o juiz

Outra heroína da Bíblia, Ester, carregou o futuro de sua nação com ela ao arriscar tudo e entrar de súbito, sem ser chamada, na sala proibida do trono, na frente de muitas testemunhas, para implorar pela continuidade de sua raça perante o rei da Pérsia.

Agora a princesa moabita, de uma raça amaldiçoada, carregava o futuro de Israel e a linha messiânica consigo, arriscando tudo ao entrar em solo proibido, sem quaisquer testemunhas a não ser Boaz e Deus. Rute arriscou tudo em uma noite com Boaz, o juiz, para fazer uma proposta e salvar o nome da família de sua sogra e suas propriedades. Ele era um homem treinado na Lei, que a interpretava, defendia e aplicava com honestidade.

Tenha em mente que a sociedade patriarcal centrava-se ao redor do líder masculino. Uma mulher simplesmente não podia propor um noivado ou oferecer-se à um homem. Isso não existia, é simples — isso mesmo que ela tivesse todas as credencias necessárias, dinheiro ou prestígio familiar. E Rute não tinha nada disso.

Noemi tinha algumas propriedades de família e, evidentemente, as havia penhorado para sobreviver. Rute só tinha a ancestralidade moabita, sua pobreza atual e um casamento anterior, o que era nada menos do que um arriscado apelo para um homem correto, manifestado por meio incorreto.

A escrita a condenaria ou o espírito a restauraria

Recorrendo ao exemplo de Paulo, o antigo fariseu de gerações posteriores, haveria dois desfechos nessa arriscada manobra junto a Boaz: a lei escrita a condenaria ou o espírito da lei devolveria a vida ao legado perdido da família.

> *Boaz lhe respondeu: "O Senhor a abençoe, minha filha! Este seu gesto de bondade [hesed] é ainda maior do que o primeiro, pois você poderia ter ido atrás dos mais jovens, ricos ou pobres! Agora, minha filha, não tenha medo; farei por você tudo o que me pedir. Todos os meus concidadãos sabem que você é mulher virtuosa."*[26]

---

[26] Rute 3.10,11, grifo e inserção de colchetes do autor.

Só é possível imaginar como Boaz sentiu-se ao receber a proposta inesperada e nada ortodoxa de Rute. Esse homem correto passara a maior parte da vida lutando contra a tensão entre o poder do *hesed* — a bondade carinhosa — e a Lei escrita de Moisés. Some-se a isso a tensão emocional da identidade da mãe de Boaz. Talvez você não saiba, porque isso era um campo minado para ele. Boaz escutara muito e talvez recontasse a lendária história de sua mãe, a mulher cananita de Jericó, conhecida como "Raabe, a prostituta", a mulher que auxiliou aos espiões de Joshua a fugir de Jericó. Ela e sua família foram poupadas quando *o muro* de Jericó caiu, casando depois com Salmon, um príncipe de Israel.[27] Salmon gerou Boaz.

Talvez Boaz soubesse como ninguém que "não se pode julgar um livro pela capa". Sua própria mãe havia sido rotulada de prostituta, mas tudo que sabia dela era que fora uma esposa fiel e mãe amorosa. Boaz sabia melhor do que ninguém não julgar uma mulher pelo passado. Talvez por isso Noemi e Rute confiassem tanto em sua bondade.

Pela escrita da lei, a herança de Raabe a desqualificara, mas seu *hesed* — a bondade carinhosa que estendia aos dois espiões que Josué enviara a Jericó — a tornara uma heroína para os israelitas. Como para Boaz, pressionado a tomar uma decisão de madrugada, em um terreno de Belém, sua decisão era definitiva e quase imediata. Rute escolheu sabedoria em vez de beleza, e ele, amor em vez de legalismo. Não importava a ele que enfrentasse uma possível opressão, abalo em sua reputação e lutas legais sobre a decisão de redimir e se casar com a moabita — era a coisa certa a fazer.

Era *hesed* — conceito expresso em uma só palavra que precisa de muitas palavras para explicá-lo. O ato de Rute e a reação de Boaz liberaram a graça de Deus para *trocar os limites legais rígidos e criar uma nova realidade* alinhada com o

---

[27] *McClintock & strong encyclopedia*, Electronic Database (Copyright © 1998, 2003 Biblesoft, Inc. *All rights reserved*), no artigo sobre Rahab: "No que se relaciona com Raabe, aprendemos em Mateus 1.5, que ela se tornara a esposa de Salmon, o filho de Naassom e a ancestralidade de Boaz, avô de Jessé. A suspeita naturalmente cresce de que Salmon possa ter sido um desses espiões dos quais ela salvou a vida, e que a gratidão por tal ato tenha levado, no caso dele, a uma paixão mais tenra, que apagou da memória qualquer desgraça associada ao nome dela. Nos dizem expressamente que os espiões eram "jovens" (Josué 6.23)... E o exemplo dos espiões que foram enviados de Cades-Barnéia, que eram todos '*cabeças de Israel*' (Números 13.3), como também a importância do serviço a ser realizado, que levaria a pensarmos tratarem-se de *pessoas de altos postos*. Mas seja lá o que for, é certo que, pela autoridade de Mateus, Raabe tornou-se a mãe da linhagem de onde brotou Davi, e, eventualmente, Cristo". Grifo do autor.

propósito divino. A escolha dela, combinada com a concordância de Boaz, abriu a porta da possibilidade para o futuro nascimento de Davi e do "filho de Davi" que libertaria a todos. Esse é o valor definitivo de Deus: Amou de tal maneira o mundo, que deu o Seu filho unigênito.[28] Essa é a razão pela qual você volta para *casa*, e este é o caminho para chegar em *casa*.

Boaz disse a Rute: "Você está demonstrando agora mais lealdade familiar no que está fazendo do que no que fez por sua sogra".[29] Se você ama alguém, nunca deixe de dizê-lo. Se quiser se conectar a alguém, nunca perca a chance. Persiga relacionamentos. No reino da terra, filhos e filhas não têm escolha quanto à identidade de pais e mães. No entanto, de acordo com a lei da adoção no reino espiritual, podemos "escolher" ou reconhecer nossos pais espirituais.

Quem é sábio, instintivamente observa o princípio da tutoria, ao buscá-la e conectar-se com gente que aperfeiçoa seu destino. O poder da bondade carinhosa (*hesed*) parece ser capaz de abrir caminho onde não há caminho.

Em geral, parece ultrapassar os limites da Lei através do coração e valores de Deus. Traz à tona a magnitude das pessoas ao rejeitar qualquer prejuízo. Como o apóstolo Paulo diria em outra geração: "[O amor], tudo sofre, tudo crê, tudo espera, tudo suporta".[30]

Só a mão escondida de Deus poderia orquestrar o nascimento de algo tão santificado e sagrado, no meio de uma aparente situação tão profana, impura, incorreta. Uma das coisas mais marcantes dessa troca verbal entre Boaz e Rute é a total submissão de um ao outro, no chão da debulha, se comparado a "outras questionáveis uniões anteriores" na história[31] dos israelitas.

O que acontece a seguir coloca os dois em um "ponto sem retorno", levando a um novo começo, uma restauração do legado perdido e uma porta do destino que sacudiria a eternidade. Mas primeiro Rute e Boaz precisam atravessar a noite mais longa de suas vidas, esperando a realização de seu desejo no vácuo doloroso da incerteza e do desamparo.

---

[28] Ver João 3.16.

[29] Rute 3.10b TEV, tradução livre.

[30] 1Coríntios 13.7.

[31] Tamar Frankiël, autora de "*Ruth and the Messiah*", capítulo de *Reading Ruth: contemporary women reclaim a sacred story* (New York: Ballantine Books, 1994), pp. 330-31. "Toda pessoa se rende à autoridade da outra. É como se cada um, mesmo enfrentando uma sugestão incomum ou uma surpreendente cadeia de eventos, reconhece neles a vontade de Deus, e aceita-a com absoluta ausência de ego".

Capítulo 12

Às vezes, é preciso esperar para encontrar o caminho
Viajar na escuridão

Às vezes, é preferível parar no acostamento e esperar encontrar o caminho certo, em vez de acelerar sem saber para onde ir.

Se a vida tivesse sinais luminosos que orientassem claramente: "Vire ali, faça isso, entre aqui, vá naquela direção", seria mais fácil. Mas não tem. Às vezes, mal consigo achar o caminho certo pelos corredores da minha própria casa, imagine então quando tropeço pelos caminhos da vida.

O objetivo de um corredor escuro às vezes é o de ensinar a sermos cuidadosos para chegar até o botão de luz que vai iluminar o resto da jornada. Sentir-se impaciente nesse corredor pode ser doloroso. Se a "jornada para Belém" em *nossa* vida corresponde a abraçar valores maduros, a *paciência* é um deles.

A paciência e a fé combinadas ajudam a atravessar a noite. Por isso, é hora de adicionar mais um valor à coleção de Belém: a paciência. Rute abraçou sua espera. Uma espera na incerteza. A espera na sala de emergência da vida.

"*É verdade que sou resgatador, mas outro resgatador há mais chegado. Passa a noite aqui. De manhã veremos: se ele quiser resgatá-la, muito bem, que resgate. Se não quiser, juro pelo nome do* Senhor *que eu a resgatarei. Deite-se aqui até de manhã*".[1]

Aquela foi a noite mais escura da alma de Rute. Com fé e resignação à vontade de Deus, a procura pelo lar e pelo que realmente importa não seria tão

---

[1] Rute 3.12,13, grifo do autor.

desafiadora assim se Deus aceitasse "cartões de crédito". Só que a fé é a única moeda aceita em Sua casa.² Todas as pessoas sérias que buscam Deus afirmam: "*Esse é o jeito de Deus*". Para procurar a *promessa*, você precisa ter paciência.

Deus corrige o curso através da vida de Rute

A promessa de Deus para Abraão e Sara não se cumpriu até que estivessem com idade avançada. Houve ainda a promessa de 2 mil anos de que seus descendentes seriam tão abundantes como a areia e as estrelas. A promessa de Deus, do Seu trono para o jovem Davi, o pastor, levou 22 anos para realizar-se. Enquanto ele esperava, teve de evitar ser caçado como traidor pelo rei Saul, seu sogro, pelos exércitos de Israel e aliados. Uma vez coroado, o rei Davi governou Israel por 33 anos e sua influência continua até hoje.³

Moral da história: *Se parece que Deus parou com Sua provisão, não é porque Ele perdeu seu endereço!*

Um dos maiores profetas antigos foi enviado por Deus a um esconderijo, após anunciar a fome na terra. Foi enviado a uma área totalmente selvagem, longe de tudo. Deus disse para ele se esconder perto de um riacho com água corrente em abundância e, de modo sobrenatural, fornecia-lhe pão e carne, entregues por corvos.⁴ O profeta provavelmente pensou: "E agora?". Até que Deus anuncia que é hora de uma mudança de endereço e metodologia. De novo, *se parece que Deus parou com a Sua provisão, não é porque Ele perdeu seu endereço!* Às vezes, Deus utiliza o desconforto para nos mover em direção aos valores de nossa promessa.

Rute havia recebido de Boaz uma promessa: ele se casaria com ela "juro pelo nome do Senhor que eu a resgatarei. Deite-se aqui até de manhã".⁵

Esse voto, fundamentado na vida do próprio Deus, era uma promessa que faria Boaz arriscar sua vida para cumpri-la. A noite mais longa da vida de Rute ia começar e o estresse chegara com um anúncio que talvez fosse uma *surpresa* para ela. E que também *surpreenderia* Noemi. Começava com um grande

---

² Ver Hebreus 11.6.

³ *McClintock & strong encyclopedia*, Electronic Database (Copyright © 1998, 2003 Biblesoft, Inc. *All rights reserved*); datas retiradas do detalhado artigo sobre "Davi", em especial a colocação dos autores sobre a consagração primordial de Davi pelo profeta Samuel, em 1068 a.C., e sua consagração como o rei de Israel por consenso em 1046 a.C.

⁴ Veja a história de Elias o profeta em 1Reis17.1-9.

⁵ Rute 3.13b, grifo do autor.

"porém": "É verdade que sou resgatador, **mas** há um outro que é parente mais próximo do que eu."[6]

Boaz reconhece que a aproximação de Rute vinha da lealdade à família de Elimeleque, que ia além de qualquer expectativa. Era *hesed* genuíno e ele a abençoou por isso.[7] Boaz compreendeu que parte do interesse de Rute por ele visava a ajudar a preservar o legado de Noemi — o que o fez amá-la ainda mais.

Tão valiosa era a vida de uma família que a hipótese da linha familiar sumir da história, pela falta de herdeiros homens, exigia *medidas extremas*.

Quando Boaz falou sobre "fazer o papel de parente", falou especificamente do que chamei de "A Cláusula do Irmão", mais conhecido na história judaica como a "lei do levirato".[8] [9]

O mundo ancião não tinha o conhecimento médico nem a tecnologia de hoje, então, muitas sociedades — incluindo a de Noemi — valiam-se da "Cláusula do Irmão", na qual o irmão do falecido tornar-se-ia o marido "substituto" para ajudar a viúva a conceber um filho e dar seqüência à linhagem familiar. Parece que era feito através do casamento ou de "uma noite só" legalizada, suficiente para preservar a linhagem de sangue da família.

Boaz estava disposto a ser mais do que um substituto temporário. Mas revelara o que nem Rute nem Noemi sabiam — infelizmente, ele não era o único substituto na linhagem. As cláusulas estipulavam que o parente mais próximo deveria tornar-se o marido substituto da viúva. Havia "prós e contras" nesse arranjo.

---

[6] Rute 3.12, grifo do autor.

[7] Tikva Frymer-Kensky, *Reading the women of the Bible: a new interpretations of their stories* (New York: Shocken Boobs, a division of Random House, Inc., *2002)*, pp. 248-49.

[8] "Enquanto que a Lei meramente impôs a obrigação de casar com a viúva sem filhos, e até permitir que ele renunciasse à obrigação se tomasse para si a desgraça ligada a tal recusa (ver Deuteronômio 25.7-10); de acordo com Rute 4.5 neste livro, tornara-se um costume tradicional requerer o levirato do redentor da porção do parente falecido, não apenas para que as posses da terra ficassem permanentemente na família, mas também porque a família e seu nome não desvaneceriam".

Comentário de Keil & Delitzsch sobre o Velho Testamento. (New Updated Version, Electronic Database, Copyright © 1996 by Hendrickson Publishers, Inc. 2003 Biblesoft, Inc. All rights reserved).

[9] Andre LaCocque, trad. K.C. Hanson, *Ruth: a continental commentary* (Minneapolis, MN: Fortress Press, 2004), p. 47: "O assunto do levirato está em jogo no princípio do livro de Rute... O termo... designa um cunhado (Latim: *levir*) na lei do levirato (ver Deuteronômio 25.5-10)".

Um dos incentivos a favor do irmão definia que qualquer propriedade do falecido seria transferida para ele junto com a viúva. Mas, por outro lado, toda a propriedade seria agora compartilhada com todas as crianças. Mesmo as crianças anteriores. A herança poderia ser diluída.

Há um retrocesso no plano de Noemi: há outro parente próximo... Boaz precisa tirá-lo de cena antes que ele possa se unir à Rute, à Noemi e à terra. Mas ao mesmo tempo, ele pede para que ela passe a noite ali. Ele dorme com ela? O texto não diz, mas indica que a pergunta é importante.[10]

Deve ser de manhã...

Noemi nunca mencionou o problema de *outro parente mais próximo* quando contou seu plano. Parece que não sabia dele. Mas Boaz, o juiz, deveria saber! As próximas palavras dele colocam ainda *outro* problema (para nós):

> "Passe a noite aqui. **De manhã** veremos: **se ele quiser resgatá-la,** *muito bem, que resgate. Se não quiser, juro pelo nome do* Senhor *que eu a resgatarei*. Deite-se aqui até de manhã".[11]

Quando ele diz "passa a noite aqui", no mesmo instante, se compromete-se como "parte do plano". Ele sabia que Noemi enviara Rute para ele como a única "oferta de noivado" que uma viúva poderia fazer legalmente.[12] Ele podia ter saltado, chamado os guardas e frustrado o plano para restaurar Noemi e conectar Rute. Se tivesse gritado, Rute poderia ter sido apedrejada. Mas ele disse: "Passa a noite". Talvez Boaz tenha sentido que mandar Rute de volta para sua sogra à meia-noite seria uma rejeição ultrajante à oferta generosa de Rute, um verdadeiro insulto a ambas — dada a situação incomum delas enquanto viúvas, sem-terra, dinheiro ou posição.

Teriam os dois ficados juntos? O texto bíblico não diz.

---

[10] Frymer-Kensky, *Reading the women of the Bible*, pp. 248-49.

[11] Rute 3.13, grifos do autor.

[12] Frymer-Kensky, *Reading the women of the Bible*, pp. 247: O autor diz "[Noemi] não acha que pode se aproximar diretamente de Boaz. Talvez as viúvas não tivessem o direito de negociar contratos de casamento; ou talvez Israel tivesse um dote de noiva somado ao preço da noiva, e, ela sendo pobre, não poderia arcar com nada".

A Bíblia é direta e honesta e nos faz constantemente descobrir que Deus é "maior que Sua Lei".[13] Tudo na Palavra é verdade, e tudo que é revelado pela Palavra está alinhado com o caráter de Deus, conforme nos diz o evangelho de João:

> Jesus fez também muitas outras *coisas. Se cada uma delas fosse escrita,* penso que nem mesmo no mundo inteiro haveria espaço suficiente para os livros que seriam escritos.[14]

Algumas coisas não são escritas!

Ainda afastado da verdade

Um estudioso nos conta: "Inegavelmente existe uma sucessão de eventos impróprios na história da salvação".[15] Uma simples olhadela na linhagem "do Puro", o Messias, nos dá uma prova das táticas restritivas e redentoras de Deus. Raabe, a prostituta, e Rute, a moabita, estão na linhagem direta de Jesus. "A tradição prescreve um caminho para a meta, o justo caminho da observância, apesar disso, a mesma tradição atesta historicamente o fato de que a meta é atingida através de um caminho curvo e tortuoso, onde a observância da lei tem um papel menor".[16] Um escritor coloca dessa maneira: "A Torá adora quebrar barreiras".[17]

---

[13] LaCocque, *Ruth.* p. 28: "O livro de Rute como método hermenêutico — ou seja, de acordo com a expansiva interpretação da lei — comporta um *insight* teológico da primeira ordem, que se pode resumir rapidamente: *Deus é maior que Sua Lei*, com respeito ao assunto central de Rute com *hesed*, pois a palavra é uma abertura de uma interpretação da Lei que ultrapassa o sentido textual. Pode-se mesmo acreditar que essa visão é mais cristã do que judaica; mas, significantemente, essa é uma virtude que os antigos rabinos reconheciam dentro dos primórdios do judaísmo hassídico (ou o chassídico). Eles procediam 'além do que a Lei pede', uma expressão técnica aplicada no Talmude para indivíduos carismáticos cuja interpretação dos textos através de *hesed* os fez cumprir mandamentos além do sentido textual. *Hesed* é a virtude do excesso".

[14] João 21.25, grifo do autor.

[15] LaCocque, *Ruth*, p. 84: O escritor acrescenta: "Este é um caso do que Sørem Kierkegaard chamava de 'suspensão teológica da ética'".

[16] Tamar Frankiel, autora de *"Ruth and the Messiah",* capítulo de *Reading Ruth: contemporary women reclaim a sacred story* (New York: Ballantine Books, 1994), pp. 323.

[17] LaCocque, *Ruth*, p. 70. A nota de rodapé cita "Ostriker, Redeeming Rute', 175 n.1". A referência bibliográfica completa diz: Alicia S. Ostriker, "The redeeming of Rute". Em *idem* (significando 'em algo previamente mencionado'): *The nackedness of the fathers: biblical visions and revisions,* 169-75 (New Brunswick, NJ: Rutgers Univ. Press, 1994).

Então o que significa tudo isso? Significa que quando você não pode explicar todos os detalhes e a lógica da situação, confie no caráter de Deus até que você esteja apto a captar o método divino. Tenha uma visão mais abrangente e confie em Deus. Esse é o mesmo Deus que *demonstrou* Seu amor tomando seu lugar e pagando pelos seus pecados.

Na situação de Rute, não devíamos nos ater tanto aos detalhes da situação no terreno de debulha.[18] Tudo no local dependia do caráter ortodoxo de Boaz. Um estudioso coloca dessa maneira: *"Remova o sagrado, e tudo se torna suspeito ou desprezível"*.[19]

Visto sob a lente rígida da Lei (o fato de ela ser moabita e, portanto, uma suposta "devassa"), Boaz poderia ter sido acusado de cúmplice de adultério naquela noite, tivesse ele dormido ou não com ela, a menos que a desposasse. No entanto, Boaz sabia que não poderia desposá-la até que se resolvesse a questão do parente mais próximo. Ele chama Rute de mulher honesta, e Boaz é um evidente bom homem, de acordo com as Escrituras.

Aquela noite, Boaz assumiu um compromisso que pretendia cumprir. Seu futuro se uniu ao de Rute e suspeito que é a razão pela qual pediu para que ela permanecesse no terreno. Talvez fosse o modo de demonstrar seu compromisso com Rute e Noemi, para tornar-se o redentor de ambas. Ele uniu seus futuros (bons ou ruins) para sempre com o convite, ao dizer "Passa a noite aqui".

Como é estranho estarmos lendo — em um livro de retorno aos valores — sobre dois adultos não-casados passando a noite juntos! Qual é o valor que estamos para descobrir? Para mim, é bem simples: compromisso! Independente dos erros que nós (e Boaz) possamos cometer, se nós temos um compromisso de fazer o que é certo, o destino será preservado.

Assuma a responsabilidade como símbolo do compromisso

Boaz deu o passo que Noemi e Rute (e o futuro de Israel) desesperadamente precisavam. Tudo dependia do raro valor da *confiança*. As prostitutas podiam

---

[18] Ibidem, p. 84. "O assunto de retornar à vida e ao clã israelita apagada pela morte de seus progenitores. Só uma combinação de leis de redenção e do levirato consegue reviver o clã de Noemi dos mortos".

[19] Ibidem, p. 87.

entrar no terreno de debulha no meio da noite, mas não mulheres distintas. E se Rute fosse vista... E se Boaz se aproveitasse dela, que poderia fazer?

O plano de Noemi **presumiu que Boaz era um homem que merecia confiança** e continuaria a agir no espírito do benevolente *hesed* que demonstrou até então. E o plano dela **exigia uma confiança enorme de Rute**, que precisou realmente crer que Noemi não estava utilizando-a como prostituta; e ela precisava compartilhar a fé que a **sogra tinha em Boaz**.[20]

Vários especialistas em linguagem hebraica sustentam com base lingüística que o termo utilizado por Rute "estendi sobre ti a aba do meu manto" tem duplo sentido. Na verdade, a mesma frase aparece na expressão do Senhor sobre o compromisso mútuo Dele com Israel:

> "Mais tarde, quando *passei de novo por perto, olhei para você e vi que já tinha idade suficiente para amar*; então estendi minha capa sobre você e cobri a sua nudez. Fiz um juramento e *estabeleci uma aliança com você*, palavra do soberano, o Senhor, e você se tornou minha.[21]

Quase todas as fontes que consultei concordam que o pedido de Rute resultou em uma proposta de casamento clássica pelos padrões da época (com a exceção de que era Rute quem fazia o pedido, e não Boaz).[22] Boaz e Rute são

---

[20] Frymer-Kensky, *Reading the women of the Bible*, pp. 248, grifo com **negrito** do autor.

[21] Ezequiel 16.8, grifo do autor.

[22] Quatro comentários diferentes oferecem as seguintes visões na frase sobre "coberta" em Ezequiel 16.8, fazendo referência a Rute: Adam Clarke diz que dizer "Estender sobre ti a aba do meu manto" significa "'te desposar'. Essa era uma das cerimônias iniciais do casamento". *Comentário de Adam Clarke*, Electronic Database (Copyright © 1996-2003 Biblesoft, Inc. *All rights reserved*). Outro comentário nota que: "O manto é muitas vezes usado como colcha da cama no Oriente". *Jamieson, Fausset & Brown* — Electronic Database (Copyright © 1997, 2003, Biblesoft, Inc. All rights reserved). Keil & Delitzsch escreveram "'Estendo sobre ti a aba do meu manto', [significa] a aba do meu manto, que também serve de colcha [uma coberta bordada, colcha de cama]; em outras palavras, 'te desposei' (conforme Ezequiel 3.9), e cobri tua nudez". *Keil & Delitzsch sobre o Velho Testamento*. (New Updated Version, Electronic Database, Copyright © 1996 by Hendrickson Publishers, Inc. 2003 Biblesoft, Inc. All rights reserved). Matthew Henry, referindo-se a adoção das crianças de Israel por Deus e sua passagem pela natureza selvagem, escreve: "Quando Deus levou-os sob o comboio de pilastras de nuvem e fogo, *Ele estendeu o Seu manto sobre eles*". *Matthew Henry's commentary on the whole Bible: new modern edition* (Electronic Database, Copyright © 1991 by Hendrickson Publishers, Inc.), grifo do autor.

ÀS VEZES, É PRECISO ESPERAR PARA ENCONTRAR O CAMINHO   133

apresentados do começo ao fim como pessoas honradas, de acordo com seus feitos e a maneira como tratam o próximo. Um legislador da lei, juiz, e chefe do clã *Hesronita* em Belém.[23]

Mas para redimir Rute, Boaz estava disposto até a ter sua reputação questionada. Deus faz essas coisas? Pergunte a Oséias, que foi instruído a se casar com uma prostituta para se tornar um exemplo vivo de quanto Deus amava Israel — apesar da infidelidade dela! (O que silencia de vez a reputação de um profeta ou pregador?). Pergunte a Jesus. Por nós, ele se dispunha a manchar Sua reputação. "Mas esvaziou-se a si mesmo".[24] Precisamos valorizar os redimidos, mais que nossa própria reputação: é isso que Boaz nos ensina.

A Bíblia marca um ponto ao nos dizer que Boaz e Rute se casam, que Boaz tem relações com Rute e que *então* ela fica grávida.[25] Boaz estava sinceramente preocupado com a reputação de Rute, pois sabia de tudo pelo que ela passara em Moab.

Rute deita aos pés de Boaz até de manhã. Ele esperava qualquer sinal de luz do sol como um sinal de que era hora de ir. No amanhecer, as coisas ainda estão turvas. Foi quando Rute acordou. Um homem daquele tempo e cultura não ajoelhava e oferecia à sua noiva um anel de noivado. Ele fazia coisas como "cobri-la" com seu manto e oferecer ao pai dela o "preço da noiva", ou o dote.

Não havia pais ou homens disponíveis para receber um dote formal por Rute, mas temos tanto o "cobri-la com seu manto" quanto a oferta de um "presente" para a Noemi.

Ela ficou deitada aos pés dele até de manhã, mas levantou-se antes de clarear para não ser reconhecida.

Boaz pensou: "Ninguém deve saber que esta mulher esteve na eira".

Por isso disse: "Traga-me o manto que você está usando e segure-o". Ela o segurou, e o homem despejou nele seis medidas de cevada e o pôs sobre os ombros dela. Depois ela voltou para a cidade.[26]

---

[23] *International standard Bible encyclopedia*, Electronic Database (Copyright © 1996, 2003 Biblesoft, Inc. *All rights reserved*), do artigo sobre Boaz; "1Crônicas 2.11,12 descreve Boaz com um descendente de Hesron, então, provavelmente um e chefe do clã *Hesronita* em Belém. A tradição Judaica identifica Boaz com Abesã de Belém (Juízes 12.8-10)".

[24] Filipenses 2.7

[25] Ver Rute 4.13.

[26] Rute 3.14,15, grifo do autor.

As recompensas da honestidade, da fé e da integridade não são sempre imediatas. Rute sofrera uma "longa onda de má sorte" e podemos afirmar que ela orou para que passasse. Rute havia suportado ainda mais uma *longa noite de espera*. E nesse momento, Boaz diz: *"Dá-me a capa que tens sobre ti, e segura-a"*. Encheu com a cevada e enviou-a de volta para Noemi com uma bênção de "medida cheia, comprimida e transbordante". Esse não foi pagamento para a noite "ilícita"; foi suprimento até cumprir a promessa. Para levar adiante a fé de Noemi através da incerteza.

Quando Noemi viu o que Rute trouxera do encontro no terreno, e ouviu a mensagem enviada por Boaz, ela podia finalmente "sentar e relaxar em paz".

Às vezes você só precisa confiar. Confie no seu Boaz, Confie em Deus! Ele "fará a coisa certa"!

> *Rute voltou à sua sogra, esta lhe perguntou: "Como foi, minha filha?"*
>
> *Rute lhe contou tudo o que Boaz lhe tinha feito, e acrescentou: "Ele me deu estas seis medidas de cevada, dizendo: 'Não volte para a sua sogra de mãos vazias'".*
>
> *Disse então Noemi: "Agora espere, minha filha, até saber o que acontecerá. Sem dúvida aquele homem não descansará enquanto não resolver esta questão hoje mesmo".* [27]

Mesmo enquanto você aguarda a sua colheita, você precisa de provisões para se manter até que a promessa se cumpra. Talvez medidas extras de cevada tenham sido dadas para tranqüilizar Noemi e Rute e ajudar a aumentar seu nível de confiança antes do último obstáculo.

Depois dessa noite, ela será a dona de tudo. Parece que algo dramático aconteceu desde que Rute deixou Noemi na calada da noite e voltou, ao nascer do sol. Algo em sua fisionomia mudou — e Noemi estava observando e procurando por evidências que dissessem o que acontecera.

Quando Noemi vê Rute, ela pergunta **"Quem é você?"** [28]

O potencial da promessa mudara tanto Rute, que Noemi mal a reconhece. Se na sua noite no terreno, você tivesse unido seu futuro a quem Boaz de Belém realmente é, seu rosto brilharia também!

E note que Noemi a chama de "minha filha", não "minha nora" como antes.

As relações estão se aproximando. Que isso também possa acontecer com você.

---

[27] Rute 3.16-18.

[28] Frymer-Kensky — *Reading the women of the Bible*, pp. 248-49.

Capítulo 13

Voltar atrás pode ser bom de vez em quando

Tenho certeza de que está por aqui em algum lugar...

Sabe por que os homens não param para pedir informações? Porque, em geral, suas mulheres já estão dando as instruções dentro do carro. Até o sistema GPS do meu carro fala com voz feminina!

Se você não tem certeza de como encontrar um determinado lugar, mas está pensando *"sei que é por aqui"*, usar a marcha-ré pode ser uma boa opção. É interessante como às vezes é preciso retroceder para seguir em frente.

Vamos dar uma ré na história de Rute:

> *E com os filhos que o SENHOR lhe conceder dessa jovem, seja a sua família como a de Perez.*[1]

Quando as sombras da noite deram passagem a um novo dia, Boaz, o chefe do clã e juiz, apressou-se para a briga legal que logo teria lugar no portal da cidade. Rute, a bela viúva moabita, sumiu do terreno antes das primeiras luzes da manhã, levando o coração dele com ela. Ele não conseguia tirá-la dos pensamentos, muito embora estivesse prestes a iniciar o mais importante procedimento legal de sua vida. Não havia garantia de que as coisas caminhariam bem.

Mas não importava. Ele não requisitara uma garantia. Já tinha traçado o curso da ação, seu compromisso estava assumido. Ele arriscaria tudo por

---

[1] Rute 4.12.

aquele "tesouro no campo" que o Senhor trouxera a sua vida dos campos de Moabe.

A idéia do que acontecera parecia-lhe tão ultrajante que sequer lhe havia ocorrido algo semelhante até Rute fazer sua prorposta. Ela oferecera livremente a Boaz o que era mais valioso para um homem — especialmente para um viúvo em sua idade avançada —, quando ela disse: "Eu *escolho* você". A beleza dela era de tirar o fôlego e o fato de ela o ter escolhido, entre todos os jovens candidatos e homens disponíveis de Moabe, só o deixava ainda mais pasmo. Haviam lhe dito que ela tinha sangue real. Uma princesa de Moabe — que homem no país dela desprezaria tal prêmio?

Claro que era absurdo. Rute não tinha nem metade da sua idade! Mesmo assim, ali estava ela, escolhendo-o entre todos os outros. Gerações se passaram e um homem, cuja família descendia do tesouro encontrado no campo de Boaz, ensinaria a multidões:

> "*O Reino dos céus é como* um *tesouro escondido* num campo. Certo homem, tendo-o encontrado escondeu-o de novo e, então cheio de alegria, foi, vendeu tudo o que tinha e comprou aquele campo."[2]

Boaz sabia que encontrara uma pérola de valor inestimável

O que parecia ser uma calma negociação entre dois ricos e poderosos irmãos de terra[3] na entrada pública de Belém era, na verdade, um confronto épico. Havia mais em jogo do que se podia imaginar.

O prêmio parecia ser uma grande propriedade do irmão deles, Elimeleque. Porque haveria uma decisão legal, uma "leitura de testamento", para ver quem a herdaria.

---

[2] Mateus 13.44, grifo do autor. Será que Jesus tinha Rute e Boaz em mente, ao contar parábola do tesouro escondido no campo e o conto associado à "pérola verdadeira de valor inestimável" no verso seguinte?

[3] Susanne Klingenstein, "Circles of Kinship", capítulo e contribuição da escritora à *Reading Ruth: contemporary women reclaim a sacred story*, de Judith A. Kates & Gail Twersky Reimer (New York: Ballantine Books, 1994), p. 204. "O *Midrash* é mais específico que *megilla* sobre a natureza da relação de Boaz com Noemi. A maioria dos rabinos sustenta que Elimeleque, esposo de Noemi, Boaz e outro habitante de Belém, mencionado rapidamente no capítulo 4 do *megilla*, são irmãos (Ruth Rabba 6:3)".

Apesar disso, Boaz sabia que havia encontrado uma pérola de valor inestimável no coração da nora moabita de Elimeleque, uma mulher que deixara tudo por amor à sua sogra e seu Deus. As decisões tomadas naquela manhã seriam tão significantes, em todos os aspectos. O Talmude fala desse episódio com o mesmo tom usado ao descrever a inevitável intervenção da rainha Ester para salvar seu povo da destruição. Parece que pela perspectiva do Talmude, Rute literalmente havia nascido para um momento como esse. Um rabino declara que a única razão de Moabe ter sido poupada era porque Deus aguardava o momento de Rute nascer.[4]

Notando que Deus falou especificamente para Moisés não provocar ou entrar em guerra com Moabe, uma autoridade rabínica citou uma passagem bíblica encorajando a ação militar contra os midianitas. O rabino cita o que o Talmude oferece como explicação dada a Moisés para essa aparente injustiça:

> "Certamente a mesma política deve ser aplicada contra os moabitas que foram os instigadores [?]", mas Deus disse a Moisés: *"Eu penso diferente! Eu ainda tenho um tesouro maravilhoso para extrair, Rute, a moabita"*.[5]

Como medir a influência de alguém sobre pessoas e nações

Eles retrocederam na história para medir seu impacto sobre pessoas e nações.

Depois, estimaram as possíveis conseqüências se a vida daquela pessoa fosse interrompida ou abortada. O rabino Noson Weisz nos conta: "Rute não era apenas a tataravó. Ela fora especialmente requisitada para trazer Davi ao mundo. *A necessidade por ela era tanta que a inteira nação moabita foi sustenta-*

---

[4] Rabino Noson Weisz diz: "A necessidade dela [Rute] era tão grande que a nação moabita foi poupada e sustentada por centenas de anos por seu mérito: Deus só aguardava o momento de Rute nascer. "The book of Ruth: a Mistery unraveled", Rabbi Noson Weisz, de um artigo veiculado nas festividades do Shavuot, postado em www.aish.com, um site educacional judaico sediado em Israel. Acessado 21/10/2006 via internet: http://www.aish.com/holidays/shavuot/The_Book_of_Ruth_A_Mistery_Unraveled.asp. Grifo do autor.

[5] Ibidem, citação do Talmude (Baba Kama 38ª), grifo do autor.

da durante várias centenas de anos por mérito dela, enquanto o mundo esperava Rute nascer.[6]

Boaz deixou sua propriedade com a luz da manhã e atravessou os campos na direção de Belém, parando na entrada da cidade (Moisés havia instruído os israelitas a estabelecer uma corte de juízes e oficiais em cada portal que Deus lhes havia dado).[7] Depois de localizar e marcar o ponto exato dos outros anciãos e líderes da cidade na entrada, ele sentou e aguardou. Todo mundo tinha de passar por ali a caminho do trabalho ou dos negócios.

Não demorou até Boaz ver seu parente, identificado por ele apenas como *Ploniy Almoniy*, a versão hebraica de "Fulano", e ele o chama.[8] Pede um *quorum* legal de dez anciãos da cidade para estabelecer a corte municipal de juízes antes de iniciar seu processo histórico legal.

> *Enquanto isso, Boaz subiu à porta da cidade e sentou-se, exatamente quando o resgatador que ele havia mencionado estava passando por ali. Boaz o chamou e disse: "Meu amigo, venha cá e sente-se". Ele foi e sentou-se.*
>
> *Boaz reuniu dez líderes da cidade e disse: "Sentem-se aqui". E eles se sentaram. Depois disse ao resgatador: "Noemi, que voltou de Moabe, está vendendo o pedaço de terra que pertencia ao nosso irmão Elimeleque.*[9]

Algumas coisas merecem ser anunciadas

Noemi estava certa — Boaz era um homem com uma missão naquela manhã. Após aquela breve introdução aos anciãos e parentes próximos, ele

---

[6] Ibidem, citação do Talmude.

[7] Ver Deuteronômio 16.18.

[8] *Comentário de Adam Clarke*, Electronic Database(Copyright © 1996-2003 Biblesoft, Inc. *All rights reserved*), sobre a frase: Fulano, para e senta aqui", em Rute 4.1 — "Este modo familiar de compilação/código é usada pela primeira vez aqui. A original é *'sh^{a}baah poh, p^{a}loniy 'almoniy!*' Ou em inglês *'Hark ye, Mr. Such-a-one of such a place! Come and sit down here'* — Escute vós, Senhor tal de tal lugar! Venha e sente-se aqui, usado quando a pessoa é indivíduo conhecido e a residência desconhecida. 'Almoniy vem de 'alaam, estar em silêncio ou escondido, portanto, a Septuaginta o traduz como *kruphe*, vós pessoa desconhecida: p^{a}loniy vem de paalah, cortar, separar ou distinguir; você de tal lugar fora do normal. Códigos desse tipo são comuns em todas as linguagens.

[9] Rute 4.1-3.

voltou aos negócios. Dois assuntos legais surgiriam antes de tudo ser falado e feito, mas Boaz sabiamente começou com o "incentivo" enquanto contava — e orava por isso — com uma reação desfavorável.

Primeiro anunciou a intenção de Noemi de colocar a propriedade à venda — todos sabiam de seus problemas e que a estação da colheita acabara. Ela precisava de dinheiro para viver.

> *"Pensei que devia apresentar-lhe o assunto, na presença dos líderes do povo, e sugerir-lhe que....*[10]

Boaz estava abertamente balançando a propriedade de seu falecido irmão aos olhos de Fulano (também chamado de "assim-e-assim"), que tinha a primeira opção de comprar a propriedade.

> *"... adquira o terreno. Se quiser resgatar esta propriedade, resgate-a. Se não, diga-me para que eu o saiba. Pois ninguém tem esse direito, a não ser você; e depois eu".*[11]

Algumas coisas *merecem ser anunciadas!* O sentido original dessa frase era "revelar, desvelar, publicar e dizer", mas Boaz desejava anunciar suas intenções com Rute e Noemi abertamente, em público — mas na hora certa.[12]

Mesmo os anciãos do portal não perceberam todas as implicações

É irônico os "parentes mais próximos" e talvez até mesmo os anciãos do portal não terem percebido todas as implicações ou assuntos em jogo.

[10] Rute 4.4a, grifo do autor.
[11] Rute 4.4b, grifo do autor.
[12] Adaptado do *New exhaustive strong's numbers & concordance with expanded greek-hebrew dictionary*. (Copyright © 1994, 2003 Biblesoft, Inc. & International Bible Translators, Inc.), definição para "advertise" — (publicar, anunciar) OT:1540 *galah* (ga-law'); uma raiz primitiva; desnudar (especialmente no sentido vergonhoso; por implicação, exilar (cativos sendo em geral desnudados), figurativamente, revelar: KJV — anunciar, aparecer, expor, mostrar, trazer (carregar, liderar, ir) cativo (no cativeiro), partir, abrir. Descobrir, exilar, claramente, publicar, remover, desvelar, desavergonhadamente, demonstrar, certamente, contar, tirar a coberta.

Talvez um véu tenha sido colocado sobre seus olhos para que um propósito maior fosse realizado.

Boaz cita Noemi pelo nome e invoca a Lei da Redenção

Boaz iniciou a audição legal com o que parecia um simples acordo, mas, na verdade, lançara um anzol com uma isca deliciosa. E é evidente que Fulano achou impossível ignorar.

Boaz já sabia que Fulano estava prestes a descobrir a sua relação com as duas viúvas. "Não é uma decisão de negócios". Mas a julgar pelo hábil *timing* e a apresentação do caso por Boaz, é provável que tenha esperado até o último minuto para "revelar a bomba". Podemos até vê-lo esperando Fulano se levantar, virar as costas e começar a ir embora.

Ele já tinha quase desaparecido de vista quando Boaz toca o braço do irmão e chama sua atenção, já fixada nos lucros em potencial que tal aquisição lhe daria. "Ah! E por falar nisso..."

Boaz, porém, lhe disse: "No dia em que adquirir as terras de Noemi e da moabita Rute, estará também adquirindo a viúva do falecido, para manter o nome dele em sua herança".[13]

Com uma sentença, Boaz instaurou o caos em Fulano, invocando a pouco utilizada obrigação do *matrimonio levirato*. E acrescentou alegremente que, junto com a terra, vinha a obrigação de casar-se com a viúva moabita de Malom, o sem-herdeiro. "Dessa maneira", ela poderia dar à luz crianças e levar adiante o nome da família do irmão deles, Elimeleque. Foi a gota d´água.

Ele se viu em desvantagem

De repente, Fulano percebeu que isso era muito *mais* do que uma decisão de negócios. Era uma decisão envolvendo pessoas, que exigia bondade e abnegação. Ele se viu em desvantagem nesse acordo.

Ao contrário de Boaz, Fulano era casado e tinha quatro filhos. A idéia de introduzir Rute no cenário de sua vida gerou uma catástrofe de proporções bíblicas em sua mente. Com a efetivação da lei do *levirato*, ele estaria comprando a propriedade para dá-la a qualquer herdeiro que nascesse.

E Fulano não estava interessado em levar a herança de seu falecido irmão adiante; estava interessado apenas na *própria* herança.

---

[13] Rute 4.5, grifo do autor.

E a mulher era moabita! O que isso causaria à sua reputação e aos negócios? Além disso, o parente que casara com a moabita morrera em Moabe por uma *boa razão*, de acordo com o que ouvira (como também seu pai, Elimeleque). É bem provável que ele tenha pensado: *"Por que deveria eu assumir os problemas da família de meu falecido irmão? Tenho minha própria família para cuidar".*

> *Diante disso, o resgatador respondeu:* "Nesse caso não poderei resgatá-la, pois poria em risco a minha propriedade. *Resgate-a você mesmo. Eu não poderei fazê-lo!"*
>
> (Antigamente, em Israel, para que o resgate e a transferência de propriedade fossem válidos, a pessoa tirava a sandália e a dava ao outro. Assim oficializaram os negócios em Israel.)
>
> *Quando, pois o resgatador disse a Boaz: "Adquira-a você mesmo!", tirou as sandálias.*[14]

É evidente que *hesed* e obrigações familiares não eram prioridades-chave na vida daquele homem, uma pessoa mais tarde chamada de *Tob* pelos rabinos — ou "Senhor Bonzinho". A versão em idioma local e moderno seria "Senhor Metido a Besta".

Se o irmão remanescente não desejava casar-se com a viúva, a cerimônia do *chalitzah*, como descrita em Deuteronômio 25.7-10, teria que ser realizada, o que é feito perante cinco juízes rabínicos. A passagem do Deuteronômio é lida pela viúva. Ela tira um sapato, especialmente feito para a ocasião, do irmão sobrevivente. E, então, cospe no solo a seus pés. O que é um símbolo de repreensão e desprezo por ele se esquivar da responsabilidade.[15]

Boaz estava pronto para assumir a negligência do mandrião

Felizmente para o "Senhor Metido a Besta", a tradição permitia uma modificação da parte mais desagradável da cerimônia oficial. Já que Boaz estava pronto a assumir a negligência do mandrião, Fulano "foi poupado da

---

[14] Rute 4.6-8, grifo do autor.
[15] Leonard S. Kravitz & Kerry M. Olitzky, *Ruth: a modern commentary* (Tel Avivi, Israel: URJ Press, 2005); p. 17: "O rabino chefe de Israel editou uma regra em 1950, que eliminava a requisição do levirato, que, no entanto, continua uma prática nas ultra-ortodoxas comunidades *chareidi*."

costumeira desonra e a cerimônia se resumiu ao 'jogar da sandália', como a garantia de que a transação estava completada". [16]

Enquanto não estou preparado para promover o levirato no púlpito da igreja moderna, eu advogo *o princípio* sob o qual Boaz agiu. Ele procurou preservar a herança do passado e criar um novo legado baseado em *hesed*, a bondade carinhosa de Deus e Seu povo. Não vivemos no passado, mas honramos realmente o passado.

Você notou que ninguém estava chorando por causa da recusa do "senhor Mandrião" em se casar com Rute? Você tem a impressão que todos estavam "suspirando de alívio". Uma estudiosa judaica e escritora muito respeitada diz:

> "O parente mais próximo (é curioso como o texto se recusa a dar um nome real ao Fulano, como se não fosse importante, como se estivesse impaciente com a mediocridade), está muito disposto a comprar as terras: *O ilustre desconhecido sempre aceita dinheiro e propriedade. Mas não está nem um pouco disposto a aceitar Rute...*
>
> Se ele perdeu a chance de se tornar o tataravô do escritor de Salmos, ele provavelmente é, como todo Fulaninho, um filisteu que odeia poesia. E nós, estamos contentes em vê-lo ir embora... Deixe-o ir em paz — ele é medíocre demais para ser o marido de Rute.[17]

Podemos entender as complicações de família do homem, mas junto com suas entediantes qualidades obsessivas em relação ao dinheiro, o Senhor Mandrião também parece ter um sério problema de preconceito racial. O que o faz perder o maior *investimento* que poderia ter feito em sua vida.

Outro valor é então estabelecido na Belém de Boaz. Sem preconceitos! Sem preconceitos raciais e de gênero. Amor, e não a rejeição, é a grande verdade de Rute. Esqueça a opinião do Senhor Fulano sobre rejeição. Deus nos diz: "Você é meu tesouro. Escolhi você e sou o Seu Redentor. Você confiará em Mim?"

Agora era Rute a intrusa demonstrando o amor a Deus e a Boaz! Ele compreendera o sentido maior da proposta incomum de casamento de Rute. Ela dizia: "Se você se casar comigo, você ganha o campo e muito mais!".

---

[16] *Comentário de Jamieson, Fausset & Brown* — Electronic Database (Copyright © 1997, 2003, Biblesoft, Inc. - All rights reserved), sobre Rute 4.7.

[17] Cynthia Ozick, "Ruth", capítulo da escritora em *Reading Ruth*, pp. 230-31. (Grifo do autor.)

O Senhor Fulano *queria os campos, mas não a moabita*. (É possível até que ele tenha cobiçado as terras de Elimeleque desde que ele se fora para Moabe). Mas Boaz tinha uma escala diferente de valores. Fulano, temendo sua reputação manchada por casar-se com uma moabita, priorizou a terra. Mas Boaz deu prioridade a *Rute* sobre a terra.[18]

> *Então Boaz anunciou aos líderes e a todo o povo ali presente: "Vocês hoje são testemunhas de que estou adquirindo de Noemi toda a propriedade de Elimeleque, de Quilom e de Malom. Também estou adquirindo o direito de ter como mulher a moabita Rute, viúva de Malom, para manter o nome do falecido sobre a sua herança e para que o seu nome não desapareça do meio da sua família ou dos registros da cidade. Vocês hoje são testemunhas disso!"* [19]

O voto de casamento menos romântico da História?

Isso pode qualificar-se como o voto de casamento menos romântico da história, mas Boaz tinha o coração puro. Um homem que sabia o que era crescer em um lar de mistura étnica, com sua mãe canaanita, Raabe, estava disposto a arriscar tudo para se casar com uma "excluída social" moabita. Era um assunto de valores, amor, lealdade e coragem em face da oposição.

No momento em que o senhor Fulano tirou um sapato, sinalizara aquele propósito pelo qual Boaz nascera. Era a sua hora. Era o seu dia de dar um passo e fazer a diferença no futuro da humanidade através de uma arrojada declaração pública.

Cerimônias às vezes têm significados obscuros ou aparentemente irrelevantes, para os pouco informados. Mas são importantes. Por exemplo: o presente de cevada que Boaz envia para Noemi através de Rute transforma-se em um silencioso, mas sólido compromisso de casamento, prestes a se tornar público.

Afirmações públicas ou valores íntimos

A troca de sandálias em Belém, a troca de aliança entre os noivos numa igreja da atualidade, o ato de compartilhar da comunhão em uma sala ou no

---

[18] Andre LaCocque, trad. K.C. Hanson, *Ruth: a continental commentary* (Minneapolis, MN: Fortress Press, 2004), p. 111.

[19] Rute 4.9-10.

grande encontro da igreja local — tudo isso aponta para a importância de símbolos e das cerimônias. Isso pode incluir virtualmente qualquer coisa que sirva como um marco importante da vida, incluindo admissões públicas de fé, votos de matrimônio, cerimônias de formatura, funerais ou batismos.

A antiga Israel costumava empilhar pedras como lembrança e as sociedades modernas em geral colocam placas ou cápsulas do tempo no alicerce de novos edifícios. Quase todas as cerimônias ou eventos importantes necessitam de *testemunhas*. Os insuspeitos cidadãos e líderes de Belém viram-se atraídos pessoalmente para o milagre do casamento de Boaz com Rute. Eles tornaram-se *testemunhas* da união que transformaria o destino de seus descendentes.

De testemunhas a manifestantes... em um pulsar do coração

Na verdade, essas testemunhas mudaram da passividade de "assistir" ao ato profético para a ação de *manifestarem as bênçãos de Deus* ao improvável casal. E com uma precisão espantosa!

> *Os líderes e todos os que estavam na porta confirmaram: "Somos testemunhas! Faça o* Senhor *com essa mulher que está entrando em sua família como fez com Raquel e Lia, que, juntas, formaram as tribos de Israel. Seja poderoso em Efrata e ganhe fama em Belém!* **E com os filhos que o** Senhor **lhe conceder dessa jovem**, *seja a sua família como a de Perez, que Tamar deu a Judá!"*
>
> *Boaz casou-se com Rute, e ela se tornou sua mulher. Boaz a possuiu e o* Senhor *concedeu que ela engravidasse dele e desse à luz um filho.*[20]

Houve um tempo em que qualquer pessoa chamada Tamar em um juramento ou proclamação de casamento implicaria uma *maldição* para você e para todos os seus descendentes! Afinal, era a nora frustrada do patriarca judaico Judá, que se disfarçou de prostituta para fazer Judá engravidá-la![21]

Pode ter havido um tempo em que invocar o nome de Rute como uma bênção *também* tenha sido uma *maldição*. (Talvez isso ajude a explicar por que muitas

---

[20] Rute 4.11-13, grifo do autor.
[21] Ver Gênesis 38.

gerações depois, os inimigos invejosos do rei Davi gritariam "imundo", tentando desqualificá-lo com base em sua pureza racial.)[22] Mas não por muito tempo.

Sob condições normais, ninguém poderia ligar uma mulher moabita às reverenciadas matriarcas das 12 princesas de Israel (Jacó), Raquel e Lia. Todavia, em uma rápida profecia pública em Belém, vimos tudo isso acontecer com as bênçãos de Deus! Talvez isso explique por que "em um parto, Rute deu a Boaz um descendente, a Elimeleque sua memória, a Noemi a renovação, e a Israel o avô dos reis. Mas, então, como Tamar, a mãe de Perez, Rute desaparece: todas as mulheres batizam a criança e Rute ascende ao panteão de mãe do trono de Deus".[23]

Parece que os propósitos de Deus podem brotar da falha dos homens. A sabedoria de Salomão brotou da má herança enraizada no adultério de Davi.

O que ou quem irá florescer do *seu* legado?

A maioria das pessoas esconderia da família uma árvore genealógica carregada de prostitutas, vigaristas, adúlteros e assassinos. A Bíblia mostra abertamente *todos eles* na árvore da família terrena de Deus e nos encoraja a ler publicamente essas páginas em todos os encontros![24]

É bom que Deus tenha voltado atrás, dado sua "marcha-ré". Ele pode voltar e reescrever sua história de vida! Ele pode literalmente "reverter o curso". Não importa o que tenha acontecido, Deus pode restaurar o destino que sempre foi seu. (Ele pode tirar o curso fora de sua vida.)

Tendo observado à exaustão amostras da incomum galeria de pecadores escolhidos e de santos improváveis que Deus usou para trazer o Salvador ao nosso resgate, um estudioso escreve: "Como o filho e herdeiro de Davi, o

---

[22] Tamar Frankiel, autora de *"Ruth and the Messiah"*, capítulo de *Reading Ruth: contemporary women reclaim a sacred story* (New York: Ballantine Books, 1994), pp. 323: "Um dos opositores de Davi, Doegue, o edomita, um homem brilhante e conselheiro do rei Saul, repetidamente atacava a reputação pela razão de ter ancestralidade moabita, além de encorajar Saul a matá-lo como rebelde (1Samuel 22). Dizia que uma vez que a tataravó de Davi era uma moabita, o casamento dela com Boaz era uma união proibida e, desse modo, Davi era um bastardo".

[23] Tikua Frymer-Kensky, Reading the women of the Bible: A New Interpretation of Their Stories (New York: Schocken Books, uma divisão da Random House, Inc., 2002), p. 253.

[24] Paulo, o apóstolo, disse: "Até a minha chegada, dedique-se à *leitura pública da Escritura*, à exortação e ao ensino" (1Timóteo 4.13, grifo do autor).

glorioso rei Salomão, que nasceu da esposa de Urias, ou seja, de uma adúltera e uma assassina... *O Messias teria uma ancestralidade bem carregada!*".[25]

Isso prova que não importa *de onde você vem*, se você sabe *para onde vai*. É um processo de encontro com o seu jeito de se mover e progredir. Entenda que tomar decisões boas nunca implicou tomar decisões fáceis. Seria muito bom se a vida fosse fácil como a frase gravada na placa indicando uma igreja por onde passei. Dizia: "Caminho para o céu: vire à direita e siga em frente". Honestamente tive vontade de derrubar a placa, pois não é tão simples assim. Eu sei por experiência própria.

> *Mateus 1.3,5,6,16*
> *Judá gerou Perez e Zerá,*
> *cuja mãe foi* **Tamar***;*
> *Salmom gerou Boaz;*
> *cuja mãe foi* **Raabe***;*
> *Boaz gerou Obede;*
> *cuja mãe foi* **Rute***;*
> *Obede gerou Jessé;*
> *e Jessé gerou o rei Davi.*
> *Davi gerou Salomão;*
> *cuja mãe tinha sido*
> *mulher de Urias [Bate-Seba]*
> *e Jacó gerou José;*
> *marido de* **Maria**
> *da qual nasceu Jesus*
> *que é chamado Cristo.*

Tamar, disfarçada de prostituta; Raabe a prostituta sem disfarce; Rute, a moabita desprezada; Bate-seba, a adúltera, e Maria, a adolescente com uma incrível, quase inacreditável história — a sociedade coloca permanentemente um ponto de interrogação após seus nomes —, o que nos faz imaginar por que esses nomes de mulher foram mencionados na Bíblia Sagrada. A não ser que Deus quisesse provar que Ele podia reverter totalmente o curso.

---

[25] LaCocque, *Rute*, p. 123, grifo do autor.

Capítulo 14

O valor dos valores
O mapa da estrada para o que realmente importa

Uma vez determinados os verdadeiros valores da vida, é necessário fazer as escolhas certas ou a mudança correta. Quando você descobre que algumas escolhas são mais importantes do que outras, você está no seu caminho.

Uma vez, logo que me casei, vinha namorando um carro importado que queria comprar. Tentava convencer minha esposa relutante a comprarmos um belo Jaguar verde metálico, argumentando que estava com um ótimo preço. Meu velho e sábio pai me disse: "Filho, não importa o preço barato, mas sim *quanto custa para mantê-lo*".

Insisti que sabia o que fazia e comprei o carro. Parece que foi apenas para ver o motor dele pifar. Nem preciso dizer como foi doloroso ligar para meu pai.

"Pai! Estou parado no meio da estrada!"

"Qual é o problema, filho?"

"Bem... Acho que superaqueci o motor do carro e preciso de uma carona até em casa."

"Filho... Eu lhe disse que ia ficar mais caro consertar um Jaguar do que consertar um Ford."

Muitos mil dólares e umas duas porções de "torta de humildade" depois, o carro estava novamente à venda. Meu estômago fica embrulhado cada vez que vejo um Jaguar, pois me lembro de quanto aquela experiência me custou. Às vezes, a beleza de algo não é seu valor real. Vamos descobrir que coisas como dedicação, lealdade, família, amigos, caráter e Deus são mais valiosos do que substitutos brilhantes e fugazes.

De volta à nossa história, ela termina com Noemi sendo proclamada uma mulher de valor:

> As mulheres disseram a Noemi: "Louvado seja o SENHOR que hoje não a deixou sem resgatador! Que o seu nome seja celebrado em Israel!"... lhe deram o nome de Obede [Servo]. Este foi o pai de Jessé, pai de Davi.[1]

"Seja teu nome afamado em Israel": Você leu isso? "O tataravô de Davi". Noemi tornou-se famosa por ser a tataravó de Davi, o matador de gigantes, grande rei e escritor de salmos de Israel. Talvez uma das chaves para a majestade de Davi tenha sido a história de Noemi e de Rute, passada de geração a geração. O verso onde se lê *"Seja teu nome afamado em Israel"* não é o melhor da história. O melhor é *"O SENHOR lhe deu uma família"* a Noemi.

Tanto Noemi quanto Rute vieram de Moabe, ganharam uma família e foram colocadas na linhagem do Messias. Mudando da fome da alma para a vida. Essas são as lições que aprendi com Rute.

Uma lição que certamente você aprende logo é a da vantagem do filho pródigo — "ele sabe o caminho de volta". Noemi conhecia o caminho de volta e por isso Rute pôde encontrar a saída! Para alguns de nós, o que importa é achar *o caminho de volta*. Para outros, pode ser *encontrar a saída*. Mas todos nós precisamos de um mapa para nos ajudar a encontrar o que é realmente importante.

Se for terra, propriedade ou joalheria, manda-se avaliar para determinar seu real valor. Mas como colocar valor naquilo que Rute recebeu? O valor de uma família? E qual é o valor dos amigos — *amigos de verdade*?

Pode uma avaliação determinar o preço do caráter? A Escritura diz que a riqueza do mundo não se compara ao valor de uma simples alma humana que tenha encontrado Deus.[2] Só a determinação de que família é vital, amigos são valiosos, caráter é crucial e Deus é essencial, já *coloca você no seu caminho*.

---

[1] Rute 4.14,17b.
[2] Ver Mateus 16.26; Marcos 8.36.

Boaz sabia a trilha da papelada legal e pôde restaurar a fortuna de família. Todas essas características foram valiosas para o futuro da nação e do mundo.

Davi sabia que "o caminho de volta" para casa era o retorno ao coração de Deus. E soube estabelecer seu caminho através da história de família, gigantes hostis, falhas, adultério e até membros ambiciosos de sua própria família — tudo para encontrar o caminho de volta para os valores de casa, que fizeram Deus dizer: "Encontrei Davi, filho de Jessé, homem segundo o meu coração".[3]

A pobreza da alma e a fome da família

Vivemos em uma terra de abundância, onde somos bombardeados com escolhas — vendedores incansáveis, produtores, propaganda, *telemarketing*, ofertas variadas. Infelizmente, entre tanta liberdade e diversidade, realmente *descemos* à *pobreza da alma* e à *fome da família*.

Em uma noite em particular, minha filha do meio estava "em um daqueles dias". Não estou certo se a dificuldade era hormonal ou era a adolescência, mas independentemente disso, o dia dela não estava sendo dos melhores. E ela não queria que eu "fizesse" absolutamente *nada* a respeito. Apenas sentamos e assistimos um *show* de tevê juntos — um que nos fez rir muito. No meio do *show*, minha filha de 20 e poucos anos já descansava a cabeça no meu colo, e éramos de novo papai e filha. São memórias como estas que vão acompanhá-la nos tempos difíceis, quando se sentir tentada a deixar que mãos de estranhos façam cafuné em seus cabelos. E enquanto lembrava disso, não atendi uma chamada sequer, nenhum telefonema ou fiz algo ligado ao trabalho. Naquele dia escolhi alguém que realmente valorizo. E encorajo você a fazer essas escolhas também. Para mim, parece que nossa necessidade por um Redentor para restaurar a fortuna de nossa família é mais crítica em *nossa afluência, do que na falta dela*! Quando estamos famintos ou feridos, pelo menos *sabemos* que precisamos da ajuda de Deus. A abundância nos dá uma trégua, uma impressão de falsa segurança e um sono induzido pelo prazer, do qual nunca acordamos.

Isso não é uma cruzada contra o sucesso financeiro, o acúmulo de riquezas ou a posse de lindas casas, carros ou outras posses. Nada disse está errado em si mesmo. A pergunta é: "Possuímos bens ou será que a "necessidade" de possuir

---

[3] Atos 13.22.

bens, na verdade, *nos possui*? É uma advertência, é um lembrete de que todos nós precisamos da âncora dos verdadeiros valores em nossa vida.

A fome pode nos levar longe de casa em busca de alimento. No entanto, a superabundância pode tornar-se uma distração fatal frente àquilo que mais importa! O perigo de se levar a vida sem um "exame acurado" é a receita para afundar o navio.

Você pode re-financiar seu futuro muitas vezes antes de a hipoteca vencer.

Em minha história pessoal, um membro da família possuía uma imensa plantação às margens do rio Mississipi. Mas quando o tataravô de meu pai faleceu, a viúva casou de novo. Pelo que me disseram, por causa da jogatina e da ingerência da propriedade, a plantação se perdeu por completo.

Sempre imaginei o que seria possuir milhares e milhares de acres de terra como herança de um fazendeiro. Mas eu não trocaria a herança familiar que *recebi* por uma operação agrícola multimilionária.

Perder a fazenda não arruinou minha família. Na verdade, pode ter nos feito pessoas alegres e resistentes. Investiguei o legado de minha família do sul de Nova Orleans e por todo o caminho até onde o Delta do Mississipi encontra o Golfo do México. É um grupo e tanto de pessoas audazes.

Tenho histórias de meus tios *Cajun*, tio Dunand e tia Bert, não apenas as que ouvi, mas coisas que vivi. Pois dentro de nossa família existe uma tendência natural a ficarmos ligados, saber um do outro, defender um ao outro.

Você pode ter de fazer escolhas difíceis quanto a viver com menos dinheiro para investir mais em tempo junto àqueles que você ama. Quando as crianças crescem, raramente se lembram das coisas que demos a eles 15 anos antes. Mas jamais se esquecerão das vezes em que eles criaram *memórias com você*.

Abandonado em uma "Moabe criada" por você

Pagamos um preço alto pela vida construída ao redor de atividades frenéticas e a supervalorização da aquisição material. Nossos longos períodos longe de casa nos deixam com pouca energia ou oportunidade para descansar. Deixa nossos filhos sem pais e nossos casamentos sem a verdadeira intimidade ou unidade. *Nos deixa abandonados em uma "Moabe" criada por nós mesmos.*

Por isso, a dor de retornar aos "bons e velhos tempos" pode ser mais profunda do que você imagina. E seu desejo de voltar para casa realmente vai mais fundo do que só um retorno físico. A profundeza disso não pode ser contida nos limites de um mapa, aquele que marca a localização de seu nascimento.

Embora as faces familiares e a voz calorosa das pessoas que habitam nossa memória possam ressuscitar uma pequena imagem do que sentimos — a verdadeira fonte dessa saudade as ultrapassa de longe, tão maravilhosas quanto elas podem ser.

Noemi experimentou literalmente todas essas coisas. Ela fez uma jornada física de sua residência de dor para o lugar de seu desejo — tomou a estrada de volta para casa, esperando encontrar o que havia perdido. Ela precisava encontrar seu caminho de volta para as coisas que realmente importavam.

Ela sabia bem que não podia ressuscitar o marido, mas parece que Noemi ficou chocada quando descobriu que não podia nem ao menos ressuscitar "seus sentimentos antigos" para com os velhos amigos logo após seu retorno. Muito tempo e muita dor passaram debaixo da ponte de sua vida.

Noemi conseguiu fazer seu caminho de volta para casa com muita dificuldade e distância. Finalmente, chegou à familiar placa da cidade e reencontrou o lugar que sempre chamara de lar. Ela chegou ao que parecia ser seu destino final, só para descobrir que seus sentimentos haviam-na traído. Seu sentimento inicial de antecipação ansiosa e excitação pelo reencontro com os entes queridos bateu de frente com o sentimento esmagador da perda e falta de esperança.

A dor interna contaminou a esperança dela

A dor interna de Noemi acompanhou-a na nostálgica jornada para "aquilo que uma vez fora". E então contaminou sua esperança com aflição e dor. Ela até tentou mudar seu nome para "Mara", porque tudo parecia "amargo".

Deixada à vontade, a amargura que você disfarçou cuidadosamente pode levar você a mudar seu nome — de uma bênção para uma maldição. Todos nós temos uma bagagem oculta e assuntos do passado que exigem atenção. Eles pedem por um Boaz. "Será que *alguém* pode me dar uma folga, trazer-me alívio e a esperança de ressurreição?". Em geral, procuramos por "bons intervalos" em más vizinhanças.

Em seu desespero, Noemi brandiu efetivamente seus punhos para Deus e disse para aqueles que sussurravam seu nome em uma reunião de lágrimas, "Não me chame de Afável, chame-me de Amarga".

Não se dá nome algum em meio a uma crise. Essa tendência pode deprimir o seu destino. O primeiro nome de Noemi, "Afável", estava certo; ela apenas não se sentia assim até chegar ao seu destino.

Continue viajando! Continue caminhando pela estrada que leva você ao lugar onde lhe valorizam. Mesmo que você tropece ou se perca momentaneamente. Levante-se, continue em frente e encontre seu caminho!

O que aconteceu para redimir sua crise e transformá-la em um triunfo tão admirável, que atravessou séculos e a própria eternidade? Rute e Noemi *decidiram* voltar para casa e confiar o resto a Deus.

Noemi não tinha tudo pensado, nem Rute! *Não sabiam* que encontrariam um redentor da própria família em Belém — Noemi lutava contra o desespero total e Rute caminhava em direção ao desconhecido como um estranho em uma nova terra.

Sua nova vida literalmente teve início meses antes do voto no portal da cidade, começando com sua decisão de voltar para o que mais importa. *Nossa promessa de um amanhã melhor, em geral, começa com uma dose de "divino descontentamento" com o dia de hoje.* Mas mesmo quando o seu "melhor amanhã" chegar, nem todos irão celebrar o seu sucesso e aceitação.

Mesmo Davi lidou com o preconceito racial

Davi, o salmista de Israel, teve de lidar com uma rejeição brutal em torno de sua liderança, por causa do preconceito e da história de sua família. O jeito como foi tratado por seu pai e irmãos é muito suspeito. Nas Escrituras que traçam a linhagem familiar dele, o pai de suas duas irmãs não é Jessé, seu pai.

A mãe de Davi não era a esposa de Jessé. Jessé não era casado com a mãe de Davi quando ele foi concebido...

Se esse é o caso, como alguns comentaristas judaicos acreditam, e Davi foi o resultado de um caso secreto de seu pai com a esposa de Nahash [o homem identificado como pai das duas irmãs de Davi, Zeruia e Abigail], então ele devia ser motivo de vergonha para a família e mantido fora da vista de todos, tanto quanto possível. Davi foi quem disse: "Ainda que me abandonem pai e mãe, o Senhor me acolherá" (Salmos 27.10) e "E nasci na iniqüidade, e em pecado me concebeu minha mãe" (51.5, RA)[4].

Davi sobreviveu à rejeição da infância e à perseguição insana do rei Saul, no início da vida adulta, só para enfrentar o desprezo de Doegue, o edomita, que "atacou a reputação de Davi repetidamente, na base do "seus antepassados

---

[4] Winkie Pratnet, *Fire on the horizon* (Ventura, CA: Renew Books, divisão da Gospel Light, 1999), p. 119.

são moabitas"... [Ele] dizia que desde que a tataravó [Rute] de Davi era uma moabita, o casamento dela com Boaz era uma união proibida e, por essa razão, Davi era um *mamzer*, ou bastardo".[5] Conseqüentemente, não tinha honra para ser um rei.

Seu passado não pode abortar o seu futuro, com exceção da mente dos invejosos. De onde quer que você tenha vindo, seja a antiga Moabe ou uma confusão atual, é menos importante do que para onde vai. Em qual direção sua trilha está levando você? Possa você encontrar o seu caminho para o lugar que Deus está lhe enviando!

As mulheres de Belém aceitaram Rute

Quando Rute deu à luz Obede, as mulheres de Belém *aceitaram* Rute. Ofereceram palavras de inigualáveis elogios para a princesa moabita que abraçou o Deus de Noemi e se casou com o filho de Raabe, a prostituta canaanita:

> *"Que ele [Obede] venha restaurar tua vida, sustentar-te na velhice, pois nasceu de tua nora, que te ama e para ti está sendo melhor que sete filhos!"* [6]

Como acontece com a intrusa e estrangeira Rute, também acontece conosco. Todos nós temos uma profunda necessidade de retornar e sermos aceitos por nosso Criador e sermos restaurados a Sua família.

Rute foi aceita na antiga Judá, porque fora aceita *por* Boaz. Seu nome tornou-se sinônimo do nome dele. Você e eu somos aceitos em Jesus Cristo, ou como diz a Bíblia, *"nos fez agradáveis a si no Amado"* (o *Amado*, Jesus Cristo).[7]

Isso não acontece porque viemos das famílias certas, porque merecemos ou conquistamos, ou mesmo porque o necessitamos desesperadamente. Acontece através de uma combinação de *hesed*, ou bondade carinhosa, e através de

---

[5] Tamar Frankiel, autora de *"Ruth and the Messiah"*, capítulo de *Reading Ruth: contemporary women reclaim a sacred story* (New York: Ballantine Books, 1994), pp. 323, inserção de parênteses e grifo do autor.
[6] Rute 4.15, inserção de colchetes e grifo do autor.
[7] Efésios 1.7, Edição Corrigida e Revisada, SBTB.

nossa aceitação de Sua livre dádiva em Cristo. E acontece porque decidimos voltar para casa.

Lar não é uma casa. Nem é a cidade de origem, nem a vizinhança onde crescemos. Tampouco é uma coleção de pessoas da infância. O lar de que falo e o lar que acho que você procura é o local onde as *coisas que realmente importam* são prioridade e precedentes. Encontre seu lugar e você se sentirá em casa. Acerte sua bússola pelos valores de casa e dos amigos, pela força de caráter. E de Deus.

Os certinhos têm probleminhas com Rute

Os certinhos dentre nós têm uns probleminhas com Rute, pois parece haver algumas pontas soltas e fora de prumo em sua rápida ascensão de excluída à mãe honrada de Israel.

A verdade é que eles têm razão! Parece que o Criador encrava abismos no meio do nosso caminho para o lar e que apenas nossa *fé* pode servir de ponte ao outro lado. Talvez muitos não estejam dispostos a ter esperança em sua devastação e desejo em sua vida porque a ponte parece estar balançando demais para as mentes legalistas.

Deus também não parece disposto a nos dar garantias com fórmulas, mantras e até rituais à parte da confiança pessoal e direta Nele.[8] Mesmo a oração se torna incapaz quando reduzida a uma fórmula religiosa repetitiva e vazia![9] Orar sem fé é apenas pronunciar um monte de palavras.

---

[8] Por favor, compreendam o propósito dessa declaração: parecemos dirigidos a encontrar "atalhos" em cada área de nossa vida, incluindo nossa salvação. Em contraste com a oferta de Deus, da salvação pela graça e fé em Jesus Cristo apenas, as outras religiões do mundo são populares precisamente porque oferecem os planos de trabalho *faça-você-mesmo*, mantras e *kits* de *como-fazer* para alcançar algum tipo de realização pessoal elevada. A Palavra de Deus é mais resistente do que qualquer boa cláusula "blindada com aço" de contrato de trabalho. Ainda assim, mesmo o apóstolo Paulo viu a necessidade de esclarecer a diferença entre focar-se no que chamava de "*o texto* da lei" e o "espírito da lei", em Romanos 2.28,29; 7.6 e 2Coríntios 3.6. Um produz o legalismo mortal, pois procura a vida separada do amoroso propósito de Deus, que enviou Seu Filho para "buscar e salvar o que estava perdido". O outro, o espírito da lei, admite a necessidades de boas e corretas ações, mas coloca total poder de redenção na misericórdia e graça do próprio Deus.

[9] Ver Mateus 6.7. Para *insights* em profundidade na missão da oração, veja meu livro *Prayers of a God Cchaser: passionate prayers of pursuit* (Minneapolis, MN: Bethany House Publishers, a division of Baker Book House Company, 2002).

Não posso prometer nada a você a não ser um ótimo GPS na Palavra de Deus. A jornada depende de você. Encontrar seu caminho de volta às vezes parece "refazer o caminho de volta". Certas pessoas confessam sentirem-se tão "confusas" ou diante de "coisas que estão *tão* ruins", que mais parecem afirmar: "A jornada é muito longa, acho que não vou nem começar".

Davi poderia ter dito a mesma coisa, que a jornada ao trono estava profetizada há muito e que era inacreditável. Para um excluído multiétnico e possivelmente ilegítimo, ir até o fim parecia impossível. Ele abraçou sua dor. As histórias de sua jornada, mesmo as lutas em família, são lendárias.

Mas acima de tudo, o que tornou Davi grande foi seu amor por Deus. Se Deus exaltou Davi, apesar de sua linhagem messiânica não ser pura segundo os padrões humanos, então eu acredito que haja esperanças para você e para mim.

Se escribas do tempo de Davi quisessem inventar uma linhagem perfeita para o Messias, eles poderiam certamente tê-lo feito, mas não o fizeram. E por que não? Uma resposta é a de que as perguntas em si são valiosas: *deixam espaço para o mistério; e por isso, para a fé.*[10]

Já concordamos que às vezes Deus realiza Suas metas através de uma "trilha curva e cheia de voltas, onde a observância da lei parece ter um papel mínimo".[11]

Quando vemos o incrível número de pessoas cheias de falhas e "desqualificadas" que Deus escolhe pelo caminho, essa trilha quase acaba em uma série de "ziguezagues montanhosos" a caminho do Messias e da cruz.

Se a carta da Lei tivesse governado a vida dessas *mulheres tão desesperadas em circunstâncias tão precárias*, a maioria delas teria sido executada. Em vez disso, foram considerada heroínas e santas da fé que merecem reconhecimento e honra. Elas encontraram um "lugar". Tenha esperança, e você *também encontrará*.

Esta é a história dos antepassados de Davi, desde Perez:
Perez gerou Hezrom;
Hezrom gerou Rão;
Rão gerou Aminadabe;
Aminadabe gerou Naasom;

---

[10] Tamar Frankiel, autora de "*Ruth and the Messiah*", p. 324. (Grifo do autor.)

[11] Ibidem, p. 323. [Nota: Essa passagem também é citada no Capítulo 10].

Naasom gerou Salmom;
Salmom gerou Boaz;
Boaz gerou Obede;
Obede gerou Jessé;
e Jessé gerou Davi.[12]

Essa lista familiar de nomes é, na realidade, uma árvore familiar de milagres, de divina intervenção e de jornadas da decepção e da rejeição para um lugar chamado lar. Por que deveríamos nos chocar se Deus usou de meios extraordinários e gente comum para realizar a sobrenatural salvação de todos na Terra?

E por que deveria você ficar chocado com o fato de Deus ter usado meios extraordinários para lhe ajudar a fazer sua própria jornada de volta ao que realmente importa? Na verdade, ele *não* toca "seus favoritos".[13]

O que Ele fez por Rute e Noemi, Ele está pronto para fazer por você! Mas a decisão de fechar as portas da casa de ontem e entrar na estrada para Belém depende exclusivamente *sua*!

Se você tomar esse caminho, procure os marcos familiares da jornada. Eles podem ajudar você a voltar para casa:

- Deixe Moabe para trás... Registre apenas "onde você esteve", sem se deixar influenciar para onde você vai. Esse é o lugar onde você existiu, mas nunca *viveu de verdade*.
- Espere alguma dificuldade na partida. Seja aquele que se "agarra" e não apenas um "beijoqueiro". Nem todos que você ama farão a jornada com você. E alguns ainda podem querer trazer você de volta para os lugares deles. Se tudo que podem oferecer à sua Noemi e ao Seu Deus é um beijo, então, você não está pronto. (Mesmo uma Orfa ou um Judas podem fazer isso). Se você não pode evitar "agarrar-se" àquele sonho e adotar o valor de seu Guia como seus, então, você está pronto. Comece a andar e não olhe para trás.
- Declare sua intenção de encontrar o caminho de casa a todo custo. Qualquer coisa menor que um compromisso total sempre produz resultados menos do que aceitáveis.

---

[12] Rute 4.18-22.

[13] Ver Gálatas 2.6.

- Reordene seus valores para combinarem com os de seu novo lar e família.
- Esteja preparado para o choque de culturas. "Não estamos mais em Moabe, Toto". Ajustes fazem parte da viagem.
- Espere descobrir seu próprio Boaz nos campos de Deus. (Seu nome é Jesus). Ele já acabou seus negócios no portal da eternidade, então Ele já redimiu você, deu-lhe um novo nome e cuidou de seu futuro.
- Espere por novas experiências de nascimento que irão produzir ainda outras "jornadas para o lar" na vida de outros. (Isso quer dizer que sua nova e transplantada árvore familiar está "produzindo bons frutos" de novo). E valorize suas relações. Elas são parte dos valores que fazem da cada de Deus um lar.

Começamos nossa jornada com Noemi e Rute "relembrando" o passado.

Você notou que uma vez que você ultrapassa os tempos difíceis e finalmente alcança um local seguro, a cura para seus ferimentos vem — fazendo suas memórias dolorosas parecem perder o poder de machucá-lo?

Em vez disso, elas podem, na verdade, tornarem-se troféus da habilidade de Deus em ver através de você. Aqueles sem as suas memórias não podem compreender sua dor ou sua cura.

É dessa forma que o *processo* de relembrar é transformado no *milagre* de Deus, de ajudar a recolocar as partes deslocadas de sua vida e anexar novamente o que se perdeu.

E, então, seguimos Noemi e Rute em seu *retorno* a Belém, à "casa do pão". A estrada de volta pode muitas vezes pressionar seus limites e ir além deles. Como Noemi descobre em seu horror, quando alcançou o destino que dominara seus sonhos por uma década, ela foi então tomada pela mesma tristeza que a havia assaltado quando começara sua jornada de retorno. Mas a dor não durou porque Deus tinha um Boaz esperando por ela e por Rute.

Finalmente, nós vimos a *redenção* de Rute e Noemi. A jornada para o que realmente importa não é a cura, a meta ou o fim dela e em si mesma. A jornada é sua passagem pessoal de *onde você está para onde Deus chamou você para estar*. É o *processo* que move você passo a passo, um dia de cada vez, de um *lugar à parte* para o lugar *onde Deus chamou você para estar*.

Lembra-se de Rebeca? Outra mulher abandonada, sem esposo, que demonstrou bondade a um simples servo, providenciando galões de água para os camelos sedentos de um estranho. Que bondade! Que *hesed*! Um dia ela deu água aos camelos nos quais ela montaria para encontrar o marido de seus sonhos. Tanto quanto Rebeca sabia, ela só estava dando água aos camelos de um desconhecido como sempre fizera em sua vida.

Mas Deus tinha outros planos, e como sempre, quando Ele libera o destino de sua vida, as coisas mudam. Regue os sonhos de alguém, providencie conforto para uma visão.

Há uma rede segura de suprimentos em nossa rede de amigos de uma vida inteira. Sua bondade, diligência, virtude e valores demonstrados hoje, podem produzir os suprimentos de amanhã! No caso de Rute, poderíamos dizer que ela trabalhou na fazenda um dia, e, no segundo, tornou-se dona dela!

Que mãe ou pai você será?

Já foi dito que "o sucesso tem muitos pais, mas o fracasso é geralmente órfão". Suspeito que Rute olhasse para trás na hora e pensasse consigo mesma: *"Agora todos gostam de mim, mas ainda posso me lembrar como é sentir-se uma intrusa"*.

Ela entrou em Belém com uma sombra de fracasso sobre ela, sabendo o que era ser tratada como uma órfã. Quando sua arriscada aposta na fé foi bem sucedida, e seu filho Obede era embalado no colo de Noemi, tornou-se a heroína das redondezas.

Quando Rute é mencionada pela primeira vez, ela é uma moabita malvada. Sua última menção é na genealogia de Jesus.

Não sei a primeira menção de seu fracasso ou desespero, mas eu *sei* que a última parte de sua história ainda precisa ser escrita. Possa você "encontrar seu caminho" nas páginas do destino, descobrindo o que realmente importa.

ENCONTRE SEU CAMINHO
*foi impresso em São Paulo/SP, pela RR Donnelley,
para a Larousse do Brasil em setembro de 2008.*